1986年9月2日，中顾委主任邓小平同志接受美国哥伦比亚广播公司记者华莱士电视采访，作者任英文译员

1981年3月19日，外交部美大司副司长冀朝铸在美国工作访问期间陪同柴泽民大使会见里根总统

1998年7月，作者（前排左三）作为中国新任驻澳大利亚大使向时任澳总督威廉·迪恩（William Deane，前排右三）递交国书后，偕夫人谢淑敏女士（前排右二）与总督合影

2002年7月21日，作者（前排右一）任外交部部长助理期间与瑙鲁总统勒内·哈里斯（Rene Harris，前排左一）分别代表各自政府在香港签署中瑙建交公报，两国正式建交

2007年4月，作者任驻美大使期间与时任美国商务部部长卡罗斯·古铁雷斯（Carlos Gutiérrez）合影

作者任驻美大使期间与时任美国商务部部长、前驻华大使骆家辉合影

2007年4月,作者访问美国蒙大拿州期间参观

2007年4月,作者应鲍克斯参议员邀请访问美国蒙大拿州

2008年4月7日，搭载北京奥运会圣火的专机抵达美国旧金山即将进行火炬传递，作者接过火种灯——新华社记者戚恒摄

华盛顿时间2008年5月19日凌晨2时28分，中国驻美国使馆全体馆员等举行全国哀悼日默哀仪式——中新社邱江波摄

2008年5月20日，作者夫妇、刘光源公使夫妇陪同前来驻美国使馆哀悼汶川地震罹难者的美国前总统布什夫妇在吊唁簿上留言——中新社邱江波摄

2008年7月29日，中国驻美国使馆新馆开馆仪式举行

外交部长杨洁篪为驻美国使馆新馆写的小记

2009年4月18日，作者参观波音公司——新华社记者戚恒摄

2009年5月16日，作者被马里兰大学授予荣誉博士学位

2009年8月3日，作者在中国驻美国使馆会见耶鲁大学学生代表

2009年9月12日,作者在美国阿拉斯加州

2009年12月2日,作者夫妇出席美中贸易全国委员会,接受赠送作者历史照片

2009年11月18日，作者与美国总统奥巴马、前美国驻华大使洪博培在长城合影——路透社摄

2009年11月18日，作者陪同美国总统奥巴马游览长城——路透社摄

2009年12月3日，作者在美中关系全国委员会年度晚宴上发表主旨演讲

2009年12月19日，作者在中国驻美国大使官邸门前留影

To His Excellency Zhou Wenzhong and Mrs. Xie Shumin
With best wishes,

作者夫妇与美国前总统布什夫妇在一起

作者夫妇与时任美国国务卿希拉里·克林顿在一起

作者与美国前总统布什一起会见即将应胡锦涛主席邀请访华的耶鲁大学校长和学生

作者与美国前总统克林顿在一起

作者与美国前总统老布什在一起

斗而不破

中美博弈与世界再平衡

周文重 著

中信出版集团·CHINA CITIC PRESS·北京

图书在版编目（CIP）数据

斗而不破：中美博弈与世界再平衡 / 周文重著. --
北京：中信出版社，2017.1（2019.1重印）
ISBN 978-7-5086-6948-9

I.①斗… II.①周… III.①中美关系–研究 IV.
①D822.371.2

中国版本图书馆CIP数据核字（2016）第256810号

斗而不破：中美博弈与世界再平衡

著　者：周文重
策划推广：中信出版社（China CITIC Press）
出版发行：中信出版集团股份有限公司
　　　　　（北京市朝阳区惠新东街甲4号富盛大厦2座　邮编　100029）
　　　　　（CITIC Publishing Group）
承　印　者：中国电影出版社印刷厂

开　　本：787mm×1092mm　1/16　　　插　页：8
印　　张：15.25　　　　　　　　　　　　字　数：121千字
版　　次：2017年1月第1版　　　　　　　印　次：2019年1月第2次印刷
广告经营许可证：京朝工商广字第8087号
书　　号：ISBN 978-7-5086-6948-9
定　　价：58.00元

版权所有·侵权必究
凡购本社图书，如有缺页、倒页、脱页，由销售部门负责退换。
服务热线：400-600-8099
投稿邮箱：author@citicpub.com

目 录

推荐序　崔天凯　// V
自　序　// XI

第一章　大国角力：中美关系的冷与热

总统就职仪式上的小插曲　// 004
售台武器问题何时了　// 006
撞机事件背后的美式霸权　// 015
从"跨越太平洋的握手"迈向"跨越太平洋的合作"　// 020
中国无意取代美国的领导地位　// 025

第二章　中美关系，"球"在美方

中美关系走到"临界点"了吗　// 040
美国为何敌视中国　// 046
亚太再平衡，平衡中国的崛起　// 051
中美关系的最大挑战　// 056

第三章 | 中国的崛起与世界

世界秩序与中国世纪　// 068

有话语权不等于要当"世界领袖"　// 079

新常态也是一个阵痛期　// 082

"一带一路"下新的区域形势　// 085

连通亚洲，中国下的什么棋　// 092

反对亚投行，美国在捣什么乱　// 097

第四章 | 全球经济治理之中国角色

跟踪调研美国金融危机　// 105

欧美债务危机背后的金融博弈　// 117

两次亲历 G20 峰会　// 122

中国该如何参与全球经济治理　// 136

第五章 | 后危机时代的中美经贸关系

贸易大国的反思　// 144

投资美国的风险　// 155

对话管控分歧　// 162

第六章 | 我眼中的美利坚

如何做大使 // 173
最好的外交使者在民间 // 176
最具戏剧性的火炬传递 // 185
为何"对华示强"永远有市场 // 195
国会山里的"中国力量" // 201

第七章 | 未来十年，中美关系向何处去

决定中美关系未来走向的力量何在 // 214
"太平洋足够大，容得下两个大国" // 216
中美新型大国关系，"新"在哪里 // 221
牢记历史，才能看清未来 // 227

推荐序

周文重大使出版新书,请我写序,让我诚惶诚恐。

从20世纪70年代中美互设联络处到21世纪头10年结束,周大使前后五度常驻美国,历时16年,经历了中美关系数不清的风风雨雨,参与了两国之间一系列的重大事件。担任驻美大使,他是我前任的前任。在外交部,他是老领导。在对美工作上,他是名副其实的前辈。我给他的书作序,论资格是不够的。但是,为了先睹为快,为了有更多机会直接向他讨教,我就恭敬不如从命吧。

曾有人认为,外交工作无非是西装革履,迎来送往。现在大家都已经了解,在战乱、疾病等艰苦环境中坚守,面对突发事件迎难而上,并不是轻而易举的事情。即使在发达地区，生活条件之外的考验也丝毫不会减弱，甚至无形中更加严峻。谈笑风生中须提防明枪暗箭，彬彬有礼背后分明有刀光剑影，说是没有硝烟的战场，并不为过。对美外交恐怕就是一个典型的例子。

同美国的关系常常被称为中国对外关系的"重中之重"，其重要性、复杂性、艰巨性不言而喻。对从事这项工作的人来说，要求自然非同一般，政治觉悟、政策水平、业务素质、知识功底、智商情商，十八般武艺，缺一不可。就工作能力而言，特别是作为一馆之长，有几样基本功是必需的。

首先是精于判断。准确判断形势是一切行动成功的前提。从世界重大趋势的走向到具体事件的波折，从对方意图的深浅到一招一式的虚实，从总体态势的把握到进退分寸的拿捏，都需要进行由此及彼、由表及里和去粗取精、去伪存真的分析，做出正确的判断。当然，最重要的是判断好任何事态对于国家和人民利益的影响，据此趋利避害，谋利除害。

其次是敢于担当。周恩来总理说过，外交无小事。外交工作的基本要求是不忘请示汇报。同时，使领馆远离祖国，形势瞬息万变。要想把中央确定的大政方针同第一线的实际情况结合起来，在吃透国内指示精神的基础上主动、及时、有效地对外开展工作，就需要一种强烈的担当意识，不迷惑、不退缩，不畏首畏尾，不患得患失，在关键的时候挺身而出，冲得上去，拿得下来。

再者是善于成事。实际效果是检验能力的唯一标准。外交工作千头万绪，说到底还是要解决问题，办成事情。重大如领导人交往，琐碎如日常事务，都要一件一件做好，一桩一桩落实，一点一滴积累。成天唱高调，不会办实事，不是称职的外交官。

周大使以他丰富的外交经验，在书中对所有这些做了深入而又生动的诠释。在美国向台湾出售武器问题上的长期斗争，发生撞机事件后的严正交涉，为高层访问精心准备，为人民友好四处奔波，抓住历史机遇促成G20（二十国集团）峰会，排除重重困难传递奥运火炬，深入调研美国经济、社会、外交的方方面面，着力解决中美交往中的具体问题，无不展现出一位资深外交官坚定的使命感、强烈的担当意识、出色的判断力和深厚的外交功力。对于正在外交一线工作的我们，这本书就是一本经典教科书，一部集大成的案例汇编。

更为难得的是，周大使以纵观历史的眼光，在书中对世界秩序与国际格局、中美两国的相处之道、决定中美关系未来走向的因素等宏观问题做了深入的分析，提出了前行的思路。这是结合中美关系几十年发展和周大使自己工作经历，经过思考、归纳、提炼而凝成的经验之谈，十分宝贵。国与国交往，起根本作用的因素是利益和实力。能不能运用好实力去维护自己的整体和长远利益，靠的是智慧。小聪明或许可以取巧，大智慧来自正确的世界观和方法论。认清大的趋势，看透问题本质，审时度势，因势利导，才能立于不败之地。周大使作为"过来人"，集数十年之心得于此书，在这方面可以给我们很多启迪。

中美关系现在处在一个新的关键时刻。往前走依然是"路漫漫其修远兮"。习近平主席提出，中美两国要共同努力，构建新型大国关系。实践证明，这是唯一正确的方向，也是唯一能走通的共赢之路。这不是要划分势力范围，也不是试图建立一种彼此一团和气、"从此幸福地生活在一起"的关系。中国和美国，一个是最大的发展中国家，一个是最强的发达国家，一个是东方文明最悠久的代表，一个是西方文明最年轻的霸主，两国之间有显而易见的差别，谁也改变不了谁。同时，在这个号称"地球村"的世界上，两国又有越来越广泛的相互需求和共同利益，谁也离不开谁。双方有竞争也有合作，有摩擦也有协调，既保持各自特色，又有一定的相互借鉴，在"和而不同、斗而不破"中对立统一，在矛盾相互作用中形成合力，推动关系发展、历史前进。新型大国关系很可能就是这个模样。中美双方应该对此有透彻的认识和稳健的把握。用美国人喜欢的说法，这大概就是"站在历史正确的一边"；用周大使书中的表述，这是中美两国"造福世界和人类"的共同责任。

现在，中美关系的接力棒传到了我们手里。前人开辟的道路，我们要走好行远。把一个什么样的中美关系交给后人，取决于我们的努力。风雨兼程，最重要的是不忘初心，保持方向。而正如周大使书中所说，"牢记历史，才能看清未来"。我们应该从本书中寻找的，就是这样一种感觉吧。

中国驻美国大使　崔天凯

2016 年 7 月于华盛顿

自 序

我的外交生涯似乎与美国结下了不解之缘。

我曾前后五次在美国常驻：1979年至1983年任中国驻美国使馆随员、三等秘书；1987年至1990年任中国驻旧金山总领事馆副总领事；1994年至1995年任中国驻洛杉矶总领事馆总领事；1995年至1998年任中国驻美国使馆公使（在此前后，还先后担任中国驻巴巴多斯大使、驻澳大利亚大使、外交部部长助理和副部长）；2005年至2010年任中国驻美国大使。

其间，我回外交部工作时，也常同美国打交道。

1984年2月22日，时任中共中央顾问委员会主任的邓小平同志会见美国前卡特政府的国家安全事务助理布热津斯基时，我是现场翻译。邓小平同志同布热津斯基谈了中美关系、中苏关系和中国统一问题。我记得很清楚，邓小平同志谈到中国统一问题时说，世界上有许多争端，总要找个解决问题的出路。我们提出的大陆与台湾统一的方式是合情合理的。统一后，台湾仍搞它的资本主义，大陆搞社会主义，但是是一个统一的中国。一个中国，两种制度。对"一个中国，两种制度"这种当时全新的提法，我脱口而出将其译为"One China, Two Systems"。这一译法后来被正式采用。

在中美关系中，我经历的"第一次"还有：1979年4月，随同中国首任驻美大使柴泽民到美国西海岸西雅图欢迎中远上海分公司"柳林海"号货轮开通中美海运航线，首航抵达西雅图；1981年1月，经过严正交涉，台湾企图派"代表"出席美国里根总统就职典礼未遂，我随同柴泽民大使出席里根总统就职典礼；1982年4月，陪同柴泽民大使主持中国第一个驻美总领事馆——中国驻纽约总领事馆开馆；1985年7月，随同中国国家元首首次访美，担任国家主席李先念的译员；2009年7月，作为驻美大使推动首轮中美战略与经济对话在美成功举行，等等。这些"第一次"使我得以或亲身经历或就近观察中美关系自1979年正常化以来的演变和发展。

历史证明，中美两国尽管政治制度不同，意识形态各异，但双方共同利益确实在增加。毋庸讳言，双方的分歧仍然复杂而深刻。

在我看来，问题的关键在于美国如何看待和对待中国。

我在书中介绍了中美关系定位的几度变化，2013年6月，习近平主席访美期间提出中美应构建以"不冲突不对抗、相互尊重、合作共赢"为核心内容的新型大国关系，为中美关系保持稳定和持续发展指明了方向并规划了路径。我作为中美关系的"过来人"之一，衷心希望美方某些人士能放弃以"敌人"或"非敌非友"定位中美关系的过时思维，真心实意地同中方一起构建中美新型大国关系，以造福世界和人类。

最后我要感谢中信出版集团的约请和经管分社社长朱虹女士对本书的厚望，使我有机会梳理我参与对美外交以来对美的观察与认识；其次要感谢有关部门对本书涉及的史实的审核；还要特别感谢策划人汤曼莉给予我的指导、协助，使我能在较短的时间内完成此书。

第一章 大国角力：中美关系的冷与热

外交战线的老领导钱其琛副总理讲过,世界上很少有两国的关系像中美关系这样动荡不断、起伏不定。

中美关系历来不平静。中美关系正常化以来,一直充满着斗争,但也总能找到解决的办法,保持向前发展,否则很难解释为什么双方政治、意识形态上存在尖锐的分歧,但30多年来中美关系又总能保持向前发展。现在你中有我,我中有你,相互融合的程度为世界罕见。

中美关系呈现出"好也好不到哪里去,坏也坏不到哪里去"的特点。美国人对我们是两面:既要合作,也要遏制;我们则是两手:愿意合作,也需要合作,但如果你对我不客气,我对你也不客气。

总统就职仪式上的小插曲

在我近40年的外交生涯中，一多半时间是参与处理对美事务，亲眼见证了中美两国关系正常化以来的发展进程。1978年12月16日中美发表联合公报时，我正在华盛顿中国驻美国联络处工作。

1979年1月1日，中美终于结束了两国关系长达30年之久的不正常状态，正式建立外交关系。然而建交后不久，各种问题和矛盾就接踵而来。

早在1979年中美刚刚建交、联络处升格为大使馆不久，也就是时任大使柴泽民向卡特总统递交国书后第12天，美国国会参众两院分别通过了多处违反中美建交协议的关于"美台关系"的立法议案。为此，柴泽民在任期内曾向卡特、里根两届政府进行了数十次交涉。当时我是中国驻美大使馆随员，每次均随同前往，协助柴大使与美方进行交锋。

1980年，中美建交刚满一年，美国政府面临换届。在美国总统大选期间，为了赢得选票，里根公开表示，如当选总统，他将与台湾互设所谓的"官方联络处"，恢复"官方关系"。里根在当选之后，很快便发出请帖，邀请台湾当局派团参加自己即将举行的总统就职典礼。这一举动显然违背了中美联合公报的精神，中美关系面临着严峻挑战。

柴泽民大使就此问题向美国国务院和白宫提出严正交涉。

里根总统的就职典礼非常隆重，可是美方邀请了当时台湾当局的代表。名单事先公开了，我们从中发现美方邀请了台湾"总统府秘书长"蒋彦士。这当然是一个很大的问题，美国人答应同台湾"断交、撤军、废约"后中美才实现建交，现美方居然同时又邀请台湾的官方人士来出席就职典礼，这显然是严重违反双方建交公报的。

柴泽民大使奉国内指示，向美国白宫、国务院提出交涉。国务院说：总统就职典礼不归我们管，你找白宫吧。白宫说：这也不归我们管，这事归国会管，你找国会吧。柴大使最后向负责东亚事务的助理国务卿霍尔布鲁克提出交涉。柴大使说：如果台湾的代表出席就职典礼，我坚决反对并拒绝出席。

意识到了问题的严重性，霍尔布鲁克助理国务卿不敢怠慢，迅速将情况上报有关部门。几个小时后，美国国务院发言人正式宣布，中华人民共和国驻美国大使柴泽民阁下，已受到美国官方邀请，代表中国出席新总统的就职典礼。任何来自台湾的人士出席典礼，将只能以私人名义参加，没有官方代表的资格。

蒋彦士得知这一消息，称病住院了。

虽说存在摩擦和分歧，但20世纪80年代里根执政时期，可以说是"二战"后中美关系的最好时期。当时为了共同应对苏联的战争威胁，中美进行了实质性的军事合作，美国为此甚至向中国出口了黑鹰攻击型直升机，也在质量和数量上减少了向中国台湾地区出售武器。

然而自1989年起，美国不但停止对华出口武器，对华实行全面武器禁运，还一再向中国台湾地区出售武器。自中美建交以来，美国历任总统的对华政策都是双轨政策，即经济上与中国合作，安全上防范、围堵中国。

建交30多年来，中美关系的发展历经曲折和波动，其中一个重要原因，就是美方在"互不干涉内政"这个原则问题上屡屡践踏中国的核心利益和关切，屡屡破坏中美三个联合公报所确立的基本原则。

在我看来，中美关系的发展已经形成一种规律，但凡美方尚能注意遵守中美三个联合公报的各项共识时，中美关系就稳定，中美合作就顺利；每当美方违反中美三个联合公报，违反和平共处五项原则的时候，中美关系就一定会面临大麻烦。这种规律性现象，在中美致力于构建新型大国关系的历史新时期，尤为值得反思和总结。

售台武器问题何时了

我在外交生涯中，曾五次赴美任职。

从驻美大使馆随员、三秘，到驻旧金山总领事馆副总领事、驻洛杉矶总领事馆总领事，再到驻美国大使馆公使、驻美大使，我常驻美国 16 年，跟美国仿佛结下了不解之缘。

出使美国 5 年，所到各处，公众常问我中美关系面临的最大问题是什么。我无一例外地回答说是台湾问题，特别是美国坚持向中国台湾地区出售武器的问题。

可以说，台湾问题是中美关系中最具爆炸性和最敏感的问题，也是最需要双方处理好的问题。而美国售台武器问题，是中美建交谈判遗留的一个问题。

妥协与承诺

1978 年，卡特政府出于美国全球战略需要，决定同中国建交，在台湾问题上接受了中国提出的同台湾"断交、撤军、废约"三原则。"断交"很明确就是要和台湾断绝"外交关系"；"撤军"就是把原来驻在台湾的军队撤回去；"废约"就是废除"美蒋共同防御条约"。

但在如何处理售台武器问题上，美国当时的国内政治形势使它做不到完全停止售台武器，卡特政府只同意停售一年，双方未达成一致。当时，邓小平同志认为，中国要对外开放，就必须考虑与世界上最发达的国家——美国打开关系，中美建交进程不能因为美国售台武器问题而继续延迟，不能因此影响中国改革开放的总体进程。这个问题最后被留待两国建交后继续谈判解决。

事实证明，邓小平同志当时的决策是富有远见和完全正确的。卡特是一任总统，1980年11月当选为总统的里根是美国共和党内有名的保守派，对华态度素以反共亲台而出名。竞选期间里根曾表示，如当选，将提升"美台关系"和向台湾增售武器，还扬言要允许台湾在美国开设具有官方性质的"联络处"，遭到中国强烈反对。记得当时《人民日报》曾发表社论进行批驳，指出：如果里根的言论付诸实施，那就意味着中美关系正常化的原则完全被破坏，势必导致双方关系严重倒退。在此情况下，里根不得不派竞选伙伴老布什访华修补与中国的关系。

里根上台后，中美之间在美国售台武器问题上多次交锋。在中方的压力下，1981年12月4日，中美双方就美国售台武器问题在北京开始谈判。中方要求美方承诺限期停售，并反对美国把中国争取和平解决台湾问题与美国停止售台武器挂钩。美方则不同意这样做，致使谈判陷入僵局。

出于对付当时苏联对外扩张的需要，为打破谈判僵局，美方派时任副总统老布什访华。1982年5月8日，邓小平会见老布什。邓小平着重谈了台湾问题，他说，中美两国关系只有在相互信任的基础上才能发展，美国国会通过的《与台湾关系法》是阻碍发展中美关系的一个关键问题，美国售台武器是检验中美关系稳固性的标准，美国对此应采取明智的立场。具体地说，美方要承诺在一定时期内逐步减少，直至完全终止向台湾出售武器。

老布什访华后，美方内部反复讨论和争论，国务卿黑格与里根的矛盾日益加剧。黑格倾向于同意对台军售定出终止日期，以换取中美关系在各方面均能改善。里根断然拒绝，导致黑格于1982年6月25日辞职。经过一个月的考虑，里根写信给邓小平，在信中里根表示，要他承诺限期停售极其困难，但美国政府不谋求长期向台湾出售武器的政策，也不会无限期地向台湾出售武器。美方据此修改了其公报草案，写入里根保证的"不谋求"和"不会无限期"两句。

在此情况下，双方经过艰难谈判，终于同意公报应以某种方式写明："互相尊重领土完整、互不干涉内政是指导中美关系的根本原则"；售台武器问题不应与中国和平解决台湾问题直接挂钩；公报至少应包括"逐步减少"和"不寻求执行一项长期向台湾出售武器的政策"等方面达成一致或妥协。公报经两国政府批准后于1982年8月17日同时公布生效。

但后来的事实证明，美方并未履行公报协议，而是不断违反《八一七公报》的明文规定。甚至在《八一七公报》公布生效前，美方就向台湾当局做了6点保证：

1. 美国不会同意设定期限停止对台湾的武器出售；

2. 美国不会同意就售台武器问题和中国进行事先磋商；

3. 美国不会同意在北京和台北之间扮演调停者角色；

4. 美国不会重新修订《与台湾关系法》；

5. 美国并未改变其对台湾主权问题的立场；

6. 美国不会对台施加压力，迫使其与中国谈判。

《八一七公报》发表后，在美国反共亲台势力压力下，美国国务院负责具体谈判的有关官员或被外放，或被逐出国务院。负责亚太事务的助理国务卿霍尔德里奇被外放到印度尼西亚当大使，负责对华事务的东亚司助理国务卿帮办沙利文和中国处处长罗普先后离开国务院。《八一七公报》在美国内部引起的轩然大波由此可见一斑。

回过头来看，《八一七公报》的重要性至今没有过时，其历史意义在于，它与1972年的中美《上海公报》和1978年的《中美建交公报》共同构成了指导中美关系的根本原则和政治基础，对确保1982年以来两国关系相对平稳发展起了积极作用，为中国深化改革、扩大开放提供了有利的外部环境。它虽未达到中国要求美国"限期停售"的目标，但使美国售台武器受到了限制。迄今为止，美国历届总统都承诺要履行三个公报的原则，奉行一个中国的政策,这就使中国在法律、道义上掌握了主动,有权要求美国遵守公报的各项原则。毫无疑问,我们应继续坚持维护三个公报的原则。

交锋与谈判

多年来,围绕美国售台武器问题,中美之间一直是既激烈交锋,又继续谋求谈判解决。

《八一七公报》签署后,美国一度在对台军售问题上比较谨慎,在1982年至1991年近10年里,美国宣布的售台武器项目总价值约23.64亿美元,没有大规模、高性能武器的军售。到了20世纪90年代初,苏联解体,冷战结束,同时中国国内发生政治风波,美国对中国实施制裁,中美关系一度起伏不定,波折不断。

1992年,老布什政府公然售台价值达60亿美元的150架F–16A/B先进战斗机。中国与美国进行了坚决斗争。此后双方围绕售台武器的较量始终没有停止。特别是李登辉访美引发1995年、1996年"台海危机"后,美国加大对台售武,并辩称美国落实《八一七公报》的前提是台湾问题存在和平解决的前景。1993年至2000年这8年间,美国公开宣布的售台武器金额约83亿美元。

到了小布什执政时期,中国与美国在此问题上进行了三次大的交锋。

第一次是2001年。当时我刚从驻澳大利亚大使任上回国出任负责美洲、大洋洲事务的外交部部长助理。小布什执政伊始，视中国为"战略竞争对手"，加之南海中国专属经济区上覆空域发生中美"撞机"事件，美国宣布"一揽子"对台军售计划，包括4艘"基德级"驱逐舰、8艘柴电动力潜艇、12架"P-3C"反潜机、12架"海龙"扫雷直升机、54枚鱼雷、44枚"鱼叉"反舰导弹等。由于中国强烈反对以及台湾拿不出预算等原因，这些项目未能落实。

第二次是2004年。台将未落实的"P-3C"反潜机、潜艇以及2002年美国同意售台的"爱国者-3"反导系统整合为"三合一"军售预算案，其中柴电动力潜艇因美国自身已不生产，其他国家又不愿为台生产，而改为"可行性评估"。在中国斗争下，该案被数次迟滞，最后不得不采取拆分处理，12架"P-3C"反潜机于2007年9月宣布售台。

第三次是2008年。小布什政府原拟在执政末期售台120多亿美元的"一揽子"武器项目，包括60架黑鹰直升机、30架"阿帕奇"直升机、4架E-2T预警机升级设备、7套"爱国者-3"反导系统及330枚"爱国者-3"导弹、32枚"鱼叉"反舰导弹、182枚"小牛"防空导弹，还有部分战斗机零部件。在中国强烈反对下，美国政府删除了60架黑鹰直升机、3套"爱国者-3"反导系统以及潜艇可行性评估等项目，最后于2008年10月3日宣布售台

30架"阿帕奇"直升机、4套"爱国者–3"反导系统（含一套训练系统）等武器项目，金额减至64亿多美元。

奥巴马上台后，在其执政第一年，奥巴马政府内外施政重点均围绕应对从欧美蔓延至全世界的金融危机而展开，且奥巴马已提出要于2009年年内实现访华，为确保中美关系不出岔子，美国未宣布新的对台军售项目，中美关系平稳过渡，因小布什政府对台售武而中断的两军交流逐步恢复。

但在美国国内亲台势力和军工企业游说压力下，并为显示对台湾马英九当局的支持，奥巴马政府于2010年1月29日宣布售台小布什政府2008年取消的60架黑鹰直升机、2套"爱国者–3"反导系统以及2艘"鱼鹰级"扫雷艇、12枚"鱼叉"反舰导弹、指管通情系统等，总价值为63.92亿美元，但未包括台一心想要的F–16 C/D战斗机和潜艇可行性评估。

在我任驻美国大使期间，中国找美方说理或向美方提出交涉次数最多的问题，一直是美国售台武器问题。围绕2008年以及2010年中美就美国售台武器问题的两次交锋，驻美国使馆无论在事前还是在事后都配合国内对美国各界做了大量工作。中国除了直接做白宫、国务院有关官员的工作，还约谈相关国会议员和企业界人士，推动他们呼吁迟滞、减少或取消有关对台军售。我也利用外出演讲机会，直接做美国公众的工作。

在对美国售台武器进行口诛笔伐的同时，中国还有针对性地采取了一系列反制措施。2008年10月，美国宣布售台价值64.63亿美元的武器后，中国即取消了若干起两军高层互访，并取消了海军军舰的互访。中国还无限期推迟双方就大规模杀伤性武器扩散的谈判，并拒绝参加由美国安排的伊朗核问题六国（联合国安理会五常+德国）电话会议。2010年1月，美国宣布售台总价值达63.92亿美元的武器项目后，中国推迟了两军部分交往项目，推迟中美副外长级战略安全、军控与防扩散等磋商。中国还表示，中美在有关重要国际与地区问题上的合作将会不可避免地受到影响，中国也将对参与售台武器的美国公司实施相关制裁。

自我1978年年末奉调赴驻美国使馆工作至今，曾无数次参加研究、讨论、处理美国售台武器问题。我认为，"美国售台武器问题何时了"这个问题必须解决，否则中美关系将永无宁日。同时我也感到，目前尚不具备美国同意完全停止对台军售的条件，比较现实的对策还是按邓小平同志当年所说，要求美国在一定时期内逐步减少，直至完全终止向台湾出售武器。

目前的问题是《八一七公报》发表生效已30多年，两岸关系和平发展也已取得诸多进展，而美国迄今仍未拿出一个停止售台武器的时间表，中国政府和公众对此感到义愤填膺是完全应该的。在对台售武问题上，美方是时候给中国人民一个交代了。美方近来同意在双方战略安全对话框架内同中国商谈售台武器问题，希望美方尽快将此承诺落到实处。

撞机事件背后的美式霸权

2001年，我从中国驻澳大利亚大使的位置上调回，担任外交部主管美国事务的部长助理。回国刚上任一个月，就遇到了一件棘手的事。

是年4月1日，美国的一架海军侦察机在中国海南岛东南海域上空活动，中方两架军用飞机对其进行跟踪监视。北京时间上午9时7分，当中方飞机在海南岛东南104公里处正常飞行时，美机突然转向中方飞机，与中方一架飞机相撞，致使中方飞机坠毁，飞行员王伟跳伞下落不明，后确认死亡。事件发生后，美机未经中方允许，进入中国领空，并于9时33分降落在海南岛陵水机场。

发生这样的撞机事件，责任完全在美方。但之后美方未与中方沟通，就单方面宣布是中国飞机撞伤了美国飞机，要求中方立即归还美国间谍飞机和机组人员，甚至无理地要求中方同意他们把飞机修好飞回美国。

当时正值江泽民主席出访前夕，事件发生后江主席做出指示：

你道歉，我放人。

这六个字非常清楚。我们当时的任务，就是要美国人道歉。

斗争的焦点

发生中美撞机事件的当晚，我即紧急召见美国驻华大使普理赫，就此事件向美方提出严正交涉和抗议。刚开始美方态度强硬，拒绝向中方道歉，我据理力争，毫不妥协。那是我与普理赫的第一次见面。

刚开始，我们在所有问题上的立场完全不同。普理赫声称，他不能同意中方关于撞机事件责任在美方的说法。对于中方坠毁的飞机和失踪的飞行员，美方只是轻描淡写地表示"遗憾"。美方虽表示愿协助中方搜救，但更多的是一味要求中方尽快释放美军机组人员，并归还美国侦察机。

这显然是美方的狡辩，我当即予以驳斥并拒绝了普理赫的要求。我随后又与普理赫进行了两轮磋商，要求美方对道歉做进一步修改。

普理赫表示，在此之前他与国务卿鲍威尔有过沟通。他们意识到，当华盛顿星期一早上太阳升起时，撞机事件将会在美国引起轩然大波。

我说，首先要分清是非和责任，美国的军机飞到中国海南岛附近进行侦察，是对中国安全的严重威胁。美方必须向中方做出解释。我们的飞行员已经牺牲，而美方飞机安全降落，机组人员安全无恙，美方必须向中方表示道歉。

当时斗争的焦点就是要美国人道歉，为此展开了拉锯式的谈判。美方不断地向我们施加压力，要我们放人。

谈判的难点

当时的难点在于，如何一方面按照江主席的指示迫使美国人道歉，另一方面找到美国人能够接受的道歉措辞。

与此同时，中美关系的气氛迅速恶化，国内各地很多群众对美方拒不道歉非常气愤，而不少美国公众则不明真相，支持美国政府要求我方放人。不少美国百姓自发在家门外挂起了红丝带，表示希望美方机组早日平安归来。

更为严重的是双方的接触出现困难，中方驻美机构约见美方时，美方人员拒而不见。

有句老话说，偏见比无知离真理更远。撞机事件给美国公众增添了不少对中国的偏见。

对于美国人来讲，当时很难走出道歉这一步。多亏了当时的国务卿鲍威尔，鲍威尔是越战老兵，深知军事必须服从政治，他任国务卿时支持率曾高达 80%。鲍威尔从美国的战略全局利益考虑，主张妥善解决撞机事件。

在我们坚持下，小布什政府发来了一份由鲍威尔国务卿签署的确认文件，授权普理赫大使代表美国政府全权处理有关谈判事宜。

在鲍威尔的主导下，美方逐步接受中方的要求。美方第一稿的表述是：美方对此事件，向王伟的家属，向王伟的战友表示歉意。我们要求增加向中国人民表示歉意，美方斟酌后接受了。另一个难点是道歉如何表述，英文的"sorry"确有致歉的意思，但我们认为光是"sorry"还不够，应该是深表歉意，也就是"very sorry"。

7天后，美方向外交部递交了道歉信第五稿。在这一稿中，道歉信致歉的语气明显加重，相关表述都改用"very sorry"（深表歉意）的措辞。

拆运军机

中美双方好不容易在最关键的道歉问题上达成了一致，接着美方又给中方出了一个难题：美方军机如何返还。

关于军机返还问题，美方换为军方主导。这些军人一上来就摆出颐指气使的架势，甚至妄言，以前美国飞机也曾迫降在外国，有关国家均迅速地将飞机还给美国，不仅如此，还为美国飞机加满燃油。

我们则坚持美军侦察机不能修复后整机飞回美国，我和普理赫大使就此进行了多轮非正式磋商。

美国人说，这架飞机修一修，还能飞回去。我们则坚持这架飞机不能飞回去。美军侦察机到中国沿海抵近侦察，威胁了我安全，侵犯了我主权，理所当然不能允许它飞回去。

最后的处理办法是把它拆掉。

最终，美方从俄罗斯航空公司租用了一架安-124型远程重型民用运输机，派专人并用专门的设备来拆解飞机。先是把飞机机身完整地运回去，然后运机翼，之后运尾翼，前后飞了十几个航次。

为时6天的中美撞机事件最终以美方向中国表示歉意而宣告结束。我前后与美国驻华大使普理赫谈判了9次，其中有一天谈了3次。海量的艰苦交涉换来的是一个双方都能够接受的方案。

谈判的过程是维护国家利益的过程。谈判取得成功一靠掌握大量事实，二靠善于沟通。谈判的目的是让对方了解你的立场，理解你陈述的理由。谈判的挑战在于说服对方接受你的想法，哪怕是部分地接受。谈判的过程也是原则性与灵活性结合的过程。

中美撞机事件表面上看是一起偶然事件，根子是美国长期对中国进行抵近侦察，对中国进行电子侦听。撞机事件的发生，反映了当时美国小布什政府视中国为战略竞争对手，其对华政策的霸权主义一面有所上升。

2001年1月20日，小布什就任美国第54届总统。他一上台就对美国的外交政策，特别是对华政策，做了调整。小布什放弃了克林顿时期关于建立中美"战略合作伙伴"关系的立场，小布什在竞选过程中就将中美关系定位为"战略竞争对手"。他公开表示，克林顿政府对华政策太过软弱，对中国应当更加强硬。

在这种思维指导下，撞机事件过去仅仅一个多月，中美之间又发生了陈水扁"过境"美国事件。5月23日，我紧急约见美国驻华使馆临时代办马林，奉命就美国政府允许陈水扁"过境"美国向美方提出严正交涉。

小布什直到第二任期开始，由于发生了"9·11"恐怖袭击事件，他对中美关系的看法才有所改变，认为两国应该发展全面的建设性合作关系。

从"跨越太平洋的握手"迈向"跨越太平洋的合作"

2009年，奥巴马就任总统后第一次访问中国，我全程陪同。他此前对中美关系参与不多，对中国并不了解，也没有来过中国。他提出想去长城。那个时候天气还很冷，但奥巴马兴致很高，身体也很好，在长城上走了很久。长城上有很多中外记者在照相，奥巴马邀请我和他一起留影。

奥巴马就任美国总统之后，美对亚太，特别是对中国，制定了新的战略。

奥巴马政府提出要重返亚太，最开始的说法是"转向"，后来改为"重返"，再后来调整为"再平衡"。万变不离其宗，矛头是对着中国的。

另一方面，我们应该看到，中美之间的共同利益远大于分歧，双方协调合作远多于摩擦冲突。回顾中美关系正常化以来的历史，我们看到的是，中美关系虽时有曲折、起伏，但总体上是在不断往前走。

习近平主席曾向奥巴马总统表示：中美联系紧密，利益交融，但是希望美方能够客观地看待中国的核心利益和发展利益，能够客观地看待中国的发展阶段。

当务之急是，美方要同中方一起扩大互信，增加合作，管控分歧。就中美关系当前存在的一些问题而言，解决这些问题的关键在于美方应尊重中方的核心利益，并真正拿出行动来。只有这样，双方才能建立互相信任、互利共赢的合作伙伴关系，才能走出一条发展面向 21 世纪的新型大国关系之路。

不打领带的外交

2013 年 6 月 7 日至 8 日，中华人民共和国主席习近平与美国总统奥巴马在美国加利福尼亚州安纳伯格庄园举行会晤。此次会晤是两国政府换届后中美元首第一次面对面接触和交流，具有里程碑意义。

安纳伯格庄园在洛杉矶附近，是个私人庄园，听说很漂亮。说到"庄园外交"，这在西方国家领导人之间较为常见，关系好的国家利用它加深友谊，关系紧张的国家利用它缓和矛盾。

西方国家领导人常利用假期待客，并将其扩展为一种超越国事访问的礼遇。从小罗斯福到奥巴马，邀请别国政要在休闲、度假中寻找共识，几乎成为美国外交规格最高的一种形式。

2002年10月25日，小布什亲自驾驶皮卡车，在自家的克劳福德农场接待时任中国国家主席江泽民和夫人，并为他们举行了西部风味的烤肉午餐。当天，小布什穿着西服，但没有打领带，江泽民则身穿夹克衫。江泽民主席与小布什总统在湖上泛舟一小时，除了翻译没带任何随从。有媒体称，"这是这次中美高峰会晤最重要的一小时"。

这样的领导人之间的私人会晤很多，成效有时比正式访问还要好。1978年9月，时任美国总统卡特与埃及总统萨达特和以色列总理贝京在戴维营进行了为期12天的三方庄园密谈。一开始，埃以双方在会谈中发生激烈争执，但最终双方达成具有重大历史意义的《戴维营协议》，由此打开了中东和平之门。

在安纳伯格，中美两国领导人就构建中美新型大国关系达成了重要共识，这标志着中美关系进入了一个新的阶段。

为什么这么说呢？奥巴马入主白宫以后，在双方共同努力下，中美关系定位有创新，也有发展。

2009年，奥巴马同胡锦涛主席在伦敦G20峰会期间有一次会面。当时双方达成共识，中美要发展积极合作全面的关系。到了2009年年底奥巴马访问中国时，这一定位进一步调整为应对共同挑战的伙伴关系。2011年胡主席访美，这个定位又进一步调整为发展互相尊重、互利共赢的伙伴关系。

习主席就任后，中美双方的互动非常频繁。安纳伯格庄园会晤是一系列互动的高潮，水到渠成。双方在比较轻松的气氛中进行了长时间的会晤，就双边关系充分地交换了意见。因为不是正式访问，礼仪上没有那么多的环节，因此双方谈得更加深入。

会晤中，双方达成共识，中美要发展不冲突不对抗、互相尊重、互利共赢的新型大国关系。这是在之前历次中美关系定位的基础上达成的新共识，为中美关系的未来指明了方向。

方法比问题多

从中美关系历史来看，高访能推动两国关系不断深入发展，是一个很重要的特点。中美关系历来是在高访推动下，不断克服存在的问题，同时不断地就双方合作达成新的共识，积少成多，步步前行。

习近平主席在安纳伯格庄园同奥巴马会晤时，开宗明义地指出：我此行的主要目的，就是为中美关系发展规划蓝图，开展"跨越太平洋的合作"。这是继1972年中美两国领导人实现"跨越太平洋的握手"之后，中国最高领导层所采取的又一项影响深远的历史性、战略性重大外交举措。

1972年，当全球性冷战几乎达到危险的临界点、中国国内深陷"文革"动乱、美国国内以反共为特征的保守主义盛行的时期，中美两国领导人以举世震惊的政治勇气和战略智慧，实现了"跨越太平洋的握手"。由此，两国不仅开启了中美关系的历史新篇章，为中美两国人民带来福祉，而且牵动整个世界格局为之改观，对亚太地区乃至全球的和平与战略稳定产生了深远的影响。

41年后，当中美关系发展到一个新的历史起点时，当世界上许多战略家和历史学家开始日益关注迅速崛起的中国同超级大国美国，是否将重蹈历史上"新兴大国"同"守成大国"陷入战略对抗覆辙的时候，中美两国元首通过这次形式创新、内容务实的庄园会晤，共同确立了两国开展双赢合作、构建新型大国关系的未来发展方向。这开启了中美关系又一个新的历史发展机遇期，并给整个世界今后几十年的和平与发展，增添了重要的压舱石和推进器。

此次两国元首会晤，进一步深化和细化了建立中美新型大国关系的战略共识，并为今后中美如何建立新型大国关系规划了发展蓝图。

对于新形势下构建中美新型大国关系的内涵、有利条件以及路径，习主席进行了深刻阐述。奥巴马表示完全赞同习主席对于构建中美新型大国关系所做的总结概括，并进一步明确表示，美国希望同中国保持强有力的合作，做平等的伙伴。两国元首还专门探讨了中美新型大国关系的一个重要方面：建立中美新型军事关系的问题。这充分展现了中美两国元首为共同构建新型大国关系，不回避矛盾、真诚寻求双赢合作、共同管控分歧的务实态度。

从这次庄园会晤所取得的一系列重要成果看，中美两国将在不搞对抗、相互尊重的基础上开展跨越太平洋的双赢合作，并努力构建"新兴大国"和"守成大国"之间新型的大国关系，这将成为今后中美关系发展的基调和主轴。

中国无意取代美国的领导地位

习近平主席 2015 年 9 月访美，是在一个重要的历史节点上展开的一次国事访问。

什么节点呢？就是美国日益担心崛起的中国，想要取代美国在全球的领导地位。而中国的发展势头，也的确显示出中国这个最大的发展中国家，很有可能在综合国力上全面超越美国这个最大的发达国家。

在2000年，中国的GDP（国内生产总值）仅为美国的1/8，但是到2014年年底，中国的GDP已经达到美国的60%以上，而且这种差距的缩小正在加速进行，以至于各主要国际机构纷纷预测中国经济总量超过美国，只是个时间问题。更重要的是，在21世纪过去的十几年间，中国已经先后取代美国成为世界最大债权国、最大贸易国、最大制造业国，人民币也呈现出成为世界主要货币之一的势头。

国强必霸？

针对这一趋势和美国的战略忧虑，习主席在2015年"九三阅兵"讲话中明确提出了中国发展战略的"三不"原则，即永不称霸，永不扩张，永不谋求势力范围。中国国务院副总理汪洋在2015年7月中美战略与经济对话前夕，也在美国主流媒体发表一篇署名文章，明确指出，中国无意取代美国在全球的领导地位。

即便如此，美国对于中国的战略猜疑乃至遏制心态依旧。为什么呢？这就涉及现在人们已经熟知的所谓"修昔底德陷阱"理论。从古希腊、古罗马时代到现在的2000多年历史，特别是近现代国际关系史，都反复演示了一个规律，就是新兴大国和守成大国之间，迟早要陷入战略竞争、战略对抗，最后陷入战争。从2000多年前的修昔底德，到后来各种流派的史学家、理论家、政治家，都运用不同的方法论，来分析研究论证这种规律，包括马克思列宁主义的奠基人之一列宁，也专门写过一本题为《帝国主义是资本主义的最高阶段》的经典著作，指出政治经济发展不平衡规律，必然导致新、老帝国主义国家之间的争夺和战争。

而这种新兴大国和原有大国，或者叫守成大国之间，英文叫"rising power"和"established power"之间的竞争导致战争的研究，在美国就从未间断过。美国哈佛大学的一位教授，经过大量历史比较研究，近年来多次发表论文，对近现代国际关系史上16对大国竞争的案例进行了分析，在这16个案例中，有12个最后都走向了战争。

可以说，"国强必霸"已经成了美国人思维中一个根深蒂固的观念。美国的政治家、战略家们都承认，中国正在变得越来越强大，而强大的中国，最后必然挑战美国。这是当前中美关系中美方存在的一个带有根本性和战略性的消极因素。

而且，美国对待中国的这种成见，还有一个广为传播的现实主义国际关系理论的定律做基础，这就是"能力决定意图"，英文叫作"capability drives intention"。

美国人或者说西方人总是按这个逻辑在观察、考量自己的对手国家。在他们看来，国力的变化必然驱动国家意图的变化。国家如此，个人也是如此。打个比方，当你有 100 元资金时，你追求的目标仅仅是温饱；当你的资金达到 100 万元时，你的意图就是要建立企业、开拓市场了；而当你握有 100 亿元时，你的雄心壮志就是要占领国际市场、成立跨国公司了。

针对美国人爱用的这个逻辑，1974 年，邓小平去美国出席联合国特别大会并发表演讲，郑重宣布"中国永远不称霸，即便今后强大了，也不称霸"。现在习主席不仅重申了邓小平当年的表态，而且进一步加上了不扩张、不谋求势力范围，表态更加坚定、明确，更具有针对性。希望美国人能听进去，真正致力于同中国一起发展新型大国关系。世界的多极化和全球化潮流不可阻挡，美国人应顺应这个潮流自我调整。倘若美国继续陷入对中国的战略猜疑，继续对抗多极化和全球化，美国终将自外于世界。

中国作为一个有 13 亿人口的大国，要解决的自身发展问题太多了。对于中国这个人口大国来说，可持续发展问题，是中国得以繁荣、稳定的永恒主题。

行动比承诺更重要

2015 年习主席访美的行程和各项活动，正是准确地针对美国人对中国的种种疑虑而精心设计和安排的。

访问的第一站不是开门见山地去美国首都进行元首会晤，而是选择极具代表性的西雅图市开展公共外交，特别是在那里发表访美的第一篇演讲。习主席在演讲中引用具体而生动的事例和故事，集中传递了一个信息，那就是中国的国力无论发展到什么水平，中国政府永远都要把解决可持续发展问题放在第一位，永远都要把有限的能力和资源，优先用在发展经济、改善民生上。

这种间接的阐述，实际上就直接反驳了所谓"能力变大，意图必然随之变大"的逻辑。中国的国力增强了后，依然首先要解决13亿人口的发展问题。这个意图不会变，是因为13亿人口的问题太多了，过去是解决吃饭穿衣问题，现在是解决全面小康，今后还要解决可持续繁荣和全民富裕的问题。习主席在西雅图的演讲中，用讲故事的形式向美国公众阐述了这个道理。习主席还特别有针对性地指出：中国2000多年前的智慧就揭示了"国虽大，好战必亡"的深刻道理。

习主席的演讲在美国引起广泛而热烈的反响。事实上，白宫始终在关注习主席在西雅图的重要活动，并在第一时间给予高度评价。连一向傲慢的美国主流媒体都纷纷发表评论，认为习主席朴实的演讲非常精彩，让大洋彼岸的美国更好地理解了中国的发展方向和中国领导人思考的政策重点。

习主席通过公共外交的形式，阐述了中国"国强也不会霸"的道理后，再飞赴美国首都华盛顿，同美国总统举行峰会，就为两国元首直接讨论"携手构建中美新型大国关系"的问题，创造了良好的舆论环境和信任基础。习主席抵达华盛顿当晚，两国元首就举行了小范围会谈。奥巴马总统明确表示，他不相信"修昔底德陷阱"，不相信美中两个大国会陷入战略对抗。

奥巴马总统的这个表态很重要，这种认知是构建两国间战略互信的基础，也是避免中美两国重蹈历史"修昔底德陷阱"的覆辙，走出新型大国关系的基础。事实上，党的十八大以来，我对美外交的核心目标，就是努力探索构建中美新型大国关系的道路。中美关系涵盖非常广阔的范围，也存在众多复杂而敏感的分歧，但是只要双方抓住建立新型大国关系这个核心，双边关系中所有其他问题都可迎刃而解。

在访问中，习近平主席强调构建新型大国关系是中美两国应长期为之努力的目标，得到了美方的积极回应。双方同意继续努力构建基于相互尊重、合作共赢的中美新型大国关系，保持密切的高层及各级别交往，进一步拓展双边、地区、全球层面的务实合作，以建设性方式管控分歧。

同时，双方一致认为，中美作为在全球具有重要影响的国家，应共同致力于维护一个强有力的中美关系，使之为全球及地区和平、稳定与繁荣做出贡献。美方欢迎一个强大、繁荣、稳定、在国际和地区事务中发挥更大作用的中国，支持中国的稳定和改革。中方尊重美国在亚太地区的传统影响和现实利益，欢迎美方在地区事务中继续发挥积极和建设性作用。

这是中美就双边关系发展方向和开展地区及全球合作所做出的新的确认，为所有关注中美关系的人提供了积极、正面的预期。对全球经济来说，一个稳定、可预期和建设性的中美关系，无疑是一个正面消息。

中美之间的敏感问题

习主席访美，双方共达成49项重要共识和成果，涉及两国关系的方方面面，其中有近20项涉及金融和贸易。那么，相对于这些成果及双方的其他合作，当前乃至今后一个时期中美关系中突出而敏感的问题有哪些？

网络安全问题

这个问题体现在中美关系上，实际上是个黑客攻击以及如何保护企业商业与科技秘密的问题。这个问题在2015年习主席访美前夕，一度到了双方剑拔弩张的程度，奥巴马总统甚至扬言不惜要同中国打一场网络战争。但是通过这次两国元首会晤，双方把这个极具爆炸性的问题放到了管控与探讨合作的框架之中。

双方同意，"就恶意网络活动提供资讯及协助的请求及时给予回应","就调查网络犯罪、收集电子证据、减少源自其领土的恶意网络行为的请求提供合作"。中美双方还同意,"各自国家政府均不得从事或者在知情情况下支援网络窃取知识产权,包括贸易秘密,以及其他机密商业资讯,以使其企业或商业行业在竞争中处于有利地位"。在网络窃取知识产权方面,过去中国经常受到美国的指责,现在中国同意加强合作,是对美方诉求的正面回应。双方还同意,"建立两国打击网络犯罪及相关事项高级别联合对话机制。中方将指定一名部级领导牵头,公安部、国家安全部、司法部和国家网信办参加。美国国土安全部部长和司法部部长将作为对话的美方共同团长,由联邦调查局、美国情报委员会和其他部门的代表参加"。如此高级别的沟通层次和沟通机制,意味着双方在网络这一重要领域建立了一个规范的管理机制。

南海问题

这个问题的实质,是美国出于"亚太再平衡战略"的需要,对中国在南海维权实施战略遏制。早在习主席访美前,美国防部长等高官就放话,扬言要派军机和战舰挑战中国在南海的岛礁权益。两国元首就这个问题进行了很好的沟通,但是这并没有使美国改变错误立场。习主席访美结束不久,美高官又声称要派军机和战舰进入中国岛屿的 12 海里。

表面看,中美在南海的摩擦急剧升温,但美方上述挑衅性言论的象征性意义大于实质性意义。在南海问题上，中美两国还有管控分歧的空间和余地。

美方为什么近年来在南海问题上日益活跃和咄咄逼人，一方面是怀疑中国要把"九段线"变成领海线。但事实上，中国从未把九段线作为领海线来管理，九段线实际上标志着中国的岛屿权利线以及历史性权利的界限。相信中国政府适当时候会进一步明确重申中国对于九段线的法理立场。因此，只要美国消除了对中国意图的误判，双方的分歧就会较易于管理和控制。另一方面，美国利用南海问题加强在亚太地区的军事存在的趋势不会改变。中美在南海问题上的摩擦和分歧还会继续下去。

2015年年底被热炒的TPP

美国在准备和接待习主席访美的同时，还在加紧推进TPP（跨太平洋伙伴关系协定）。美等12个成员达成了基础性协议。美国排斥中国加入TPP，其意图是对中国玩弄两手，一方面和中国接触，探讨"构建新型大国关系"，另一方面利用TPP在经贸投资领域孤立中国和阻遏中国的发展。但是试问：世界第二大贸易国美国，带领11个国家去孤立和阻遏世界第一大贸易国中国，这可行吗？何况中国是TPP的12个成员国中6个成员国的最大贸易伙伴，是另外4个的第二大贸易伙伴。只有小国文莱，中国的排名不在其外贸的前三名之中。因此，TPP要对华搞排他，等于和自己过不去。

美国在推动高标准TPP的同时，也在努力同中国谈判高标准的BIT（双边投资协定），这次中美元首会晤给双方BIT谈判注入了新的动力。高标准的TPP和高标准的中美BIT有许多重合之处。美国根本无法通过TPP去孤立和阻遏中国。

那么，美国搞TPP的目的究竟是什么？对中国究竟意味着什么？

我认为，美国的目的，是利用TPP制定和推行21世纪国际贸易投资新规则体系。请注意，美国在同时做三件大事：它在推动TPP的同时，还在努力推动TTIP（TPP的大西洋版本），此外，还在努力推动美欧日，即发达国家之间的服务贸易协议（TISA）。这三个东西，都是要搞新的"高标准"。

试想，如果美国同亚洲、欧洲，都开始按照新的高标准进行排他性的贸易投资自由化，再加上美欧日实行新的高标准的服务贸易自由化，那么全球的货物贸易、服务贸易，乃至全球投资的规则，是不是都要随之而改变？这就是美国人在下的一盘大棋。

可以说，美国人在TPP上的心思不只是阻遏中国，还在于利用跨太平洋、跨大西洋贸易投资活动，以及占全球服务贸易极大比重的发达国家间服务贸易，来制定新规则。美国也不是不想让中国参加TPP，到了TPP规则制定完成并确立之后，在TPP按照新规则稳定运行之后，美国一定会比中国还要着急地要求中国加入TPP。总之，观察和思考美国主导的TPP，要着眼美国的全球布局，着眼货物和服务贸易及投资全球规则的制定。有待观察的是，美国大选揭晓后新总统如何对待TPP，希拉里和特朗普为了拉选票竞选时都反对TPP。

第二章 中美关系,"球"在美方

我就任驻美大使时，小布什已进入第二任期，他的对华政策有所调整。在他竞选和就任之初，他曾认为中国是美国的战略竞争对手。他把中国称为美国的战略竞争对手，既是为了与美共和党右翼保持一致，也是出于竞选目的，需要全盘否定前任民主党的克林顿政府。克林顿执政时就中美关系与中方达成的共识是，双方致力于建立建设性战略伙伴关系。

"9·11"事件发生后，反恐成为小布什最大的关切。他不再称中国是美国的战略竞争对手，改称美中应发展建设性合作关系。在反恐问题上，小布什需要中国支持他，中美间其他问题暂时退居次要位置，两国间摩擦冲突虽仍时有发生，但与"9·11"事件前相比，中美关系有所改善。

奥巴马执政后倡导"多伙伴世界观",中美各种利益相互依赖加深,中美关系的定位比小布什年代有所提升。2011年1月,时任国家主席胡锦涛访美,中美双方同意"建设相互尊重、互利共赢的合作伙伴关系",同意相互尊重对方利益,不搞"零和",共同应对21世纪的机遇和挑战。2013年6月,习近平主席访美,同奥巴马总统就共同努力构建中美新型大国关系达成共识。中方愿同美方一道,坚持不冲突不对抗、相互尊重、合作共赢。中美关系的定位又前进了一步。

美方应将这些共识落到实处,纠正它之前于2012年6月在新加坡香格里拉对话会上提出的矛头明显针对中国的重返亚太战略。我担心美国会错误地将亚洲个别国家请美国插手东海、南海事务,理解为亚太国家欢迎美国遏制中国,进而无原则地偏袒同中国对立的当事国。值得欢迎的是,菲律宾新总统就任后调整了对南海问题的立场,且看美国如何回应。

中美关系走到"临界点"了吗

2015年5月,美国约翰·霍普金斯大学中国研究系主任兰普顿在一次演讲中,对中美关系的走向"深表忧虑"。他说:"尽管美中关系的根基还没有坍塌,但是美国日益倾向于把中国看成是美国赢得全球主导权的一个威胁，而在中国，越来越多的精英派别与民众把美国看作是阻止中国获得应有国际地位的一个障碍。"

南海问题能否降温

兰普顿被认为是美国最有影响力的中国问题学者之一。他的"临界点"说一石激起千层浪。国际上对此议论纷纷。美国国内有一种说法是：美中关系已发生"质的变化"，进入"制定规则"和"体系"之争的领域，美国已锁定中国为战略对手，美国必须强力防止中国与美国形成"分庭抗礼"的局面，并向中国施压。

当然，也有健康、积极的声音。兰普顿也主张：从根本上说，美国必须重新思考对"主导权"的定位。还有不少人认为，美国应认清形势，面对现实，寻求与中国合作，避免持续对抗。最后，美国务院负责东亚事务的助理国务卿拉塞尔出面说，他并不认为美中关系处于"临界点"，美中关系有着非常坚实的基础和非常光明的未来。

在我看来，中美建交 30 多年来，双方对外政策都有不少调整，但两国关系的基本面，即共同利益大于分歧并未改变。推动两国关系保持发展符合双方的需要和利益。兰普顿关于中美关系面临"临界点"的说法不符合事实，夸大了当前中美关系消极面的影响。

"临界点"的意思是，中美关系的走向将逆转。回顾中美关系正常化30多年来的历程，虽时有风雨，也常有起伏，但始终保持向前发展，可用"起伏不断，砥砺前行"来概括。历史上中美关系无论是在双边、多边领域，还是在国际、地区层面，都遇到过许多问题，毕竟两国意识形态不同，政治、社会制度不一样，又处于不同发展阶段。尽管如此，中美建交30多年来，两国关系始终保持了向前发展的势头，这说明中美关系是有生命力的。

毋庸讳言，就管控分歧而言，美方远未把双方构建新型大国关系的共识落到实处。以南海问题为例，中国外交部发言人一再声明指出，中国对包括西沙、南沙在内的南海诸岛及其附近海域拥有无可争辩的主权。其中西沙群岛自古以来处于中国实际控制下，只有越南与我们有些争议，目前所指的南海主权争议主要在南沙群岛。中方一贯主张地区有关国家与中方相向而行，坚持通过谈判解决争议，在争议解决之前就管控争议保持沟通。作为南海最大沿岸国，中国最希望维护南海的航行自由。在中国和本地区国家共同努力下，南海现在是世界上最自由和安全的航道之一。

就南海而言，美国是域外国家，现在却打着"维护通行自由"的旗号高调派遣军舰和战略轰炸机向中国炫耀武力。航行自由不等于横行自由，不论是谁想把南海搅浑，把亚洲搞乱，中国都不会答应，本地区国家也不会允许。中国一直在为南海和平稳定做出各种努力，专门设立了中国—东盟海上合作基金，还积极推进"南海行为准则"的磋商，并主动提出制定"海上风险管控预防性措施"。中国完全有能力也有信心与东盟国家一道，确保南海的和平发展大局。

展望未来，中美关系面临的一大挑战是，双方在构建新型大国关系的框架下切实管控好双方的分歧。希望美方能切实做到言必信、行必果。

中美各自的国家战略

美国的国家战略是什么？以我的理解，美国的国家战略就是维持美国在全球的领导地位。奥巴马总统强调，美国的领导地位要维持100年。

中国的国家战略很清楚，杨洁篪国务委员指出，中国的战略意图就是要实现"两个100年"奋斗目标和中华民族伟大复兴的中国梦，并促进世界的和平与发展，同各国携手打造人类命运共同体。

相比之下，美国的国家战略是维持霸权，中国的国家战略则是和平发展。

这两种战略截然不同，注定中美关系既有大量合作和交流，又充满斗争和交锋。出席中美战略与经济对话的中国国家主席特别代表汪洋副总理曾撰文指出，中国无意取代美国在全球的领导地位。同任何成长中的大国一样，中国的利益也在不断向海外延伸，但中国绝不走传统大国的扩张老路，也不会搞任何强权政治。总结中美关系走过的风风雨雨，中美既有合作，也有摩擦，将是个常态。美方应和中方一道直面和解决问题，扩大和深化合作，同时努力把摩擦也变成合作。过去双方在气候变化上有分歧，2015年中美共同促成了巴黎气候变化大会的成功。前一段双方在网络问题上有摩擦，现在双方建立起了一整套对话合作机制。我想强调的是，中国不是美国，中国绝不会也不可能成为另一个美国。美国朋友应更多地学习体会一下中国5000年积淀的历史文化传统，同时好好思考一下美国未来的路应该怎么走。

总之，中美国家战略追求不同，既带来许多分歧和矛盾，同时也给双方提供了可以开展合作的空间。相信华盛顿和北京都会以更具远见的政治智慧，去营造更稳定的合作空间，去管控更复杂的分歧与矛盾。

中美之间的共同利益

习近平主席多次指出，中美合作可以办成很多有利于两国和世界的大事。

在新的国际形势下，中美作为最大的发展中国家和最大的发达国家，又都是联合国常任理事国，两国的共同利益在增多，肩负的责任在加重。世界上许多问题的解决，都离不开中美之间的合作。

我认为，在当前国际形势下，中美之间的共同利益主要包括：

1. 中美都希望国际形势保持稳定，世界不断发展繁荣。在这一共同的大目标下，在全球化深入发展的大背景下，中美两个大国都有责任发挥各自的作用，通过合作为世界增添更多的安全和繁荣。

2. 中美开展经贸合作对两国、对世界都有利。作为世界上第二和第一大经济体，中美已成为世界经济增长的两大引擎。两国经济"你中有我、我中有你"的交融格局进一步深化，这对两国和世界都是一件好事。

3. 中美在重大国际和地区问题上承担着日益重要的责任。作为亚太地区两个重要国家，中美在朝核、反恐、印巴、阿富汗重建等问题上有着良好的合作，共同推动局势向缓和的方向发展，维护了地区的稳定和安宁。

4. 中美在应对攸关人类生存与发展的新型安全挑战上，协调与合作不断增加。在反恐和防扩散领域，中美在双向互利的基础上已建立了中长期的交流与合作机制。处理公共卫生、环境保护、气候变化、赈灾减灾等一系列问题，在中美合作中的分量日益上升。

当然，中美关系今后还会遇到问题。习近平主席 2015 年 9 月访美时在西雅图的演讲中谈到，中美双方在新起点上推进两国关系，尤其要做好四件事，首先就是要正确判断彼此的战略意图，对美国而言就是要真正地把中国当成朋友、伙伴。

对于中国来讲，我们应致力于按照中美两国元首达成的共识，坚持沿着"新型大国关系"的方向推进两国关系。我对中美关系的未来充满信心。

美国为何敌视中国

在美国，把中国当作朋友、伙伴的人越来越多，但也有些人出于意识形态原因，或出于国内政治考虑，仍然在讲一些对中国不友好的话，甚至反对中国的话。这并不奇怪，对于美国这样一个多元社会来说，存在很多杂音是必然的。

现在中国头上有好几顶帽子，例如发展中国家、不结盟国家、新兴经济体国家，只有同时看到并统筹好各个方面，才会比较平衡。专心致志把自己的事情做好是根本，在此前提下，再来应对世界局势的变化，就能站稳自己的脚跟了。

担心中国成为下一个挑战者

虽然双方就中美关系的定位有了新的共识，在奥巴马的第一任期内，双方还是有不少摩擦。尤其是时任国务卿希拉里强势推行

"重返亚太",美方在军事上打着"重返亚太"的旗号针对中国搞了不少动作,中方对此十分不满。

奥巴马连任后,克里接替希拉里出任国务卿。克里曾任美联邦参议员多年,担任过参议院外委会主席,对外交事务很熟悉,跟奥巴马的私人关系也很好。

不过,奥巴马政府的这些人事变动没有也不会改变美国维护其全球霸权地位的目标。面对"最大发展中国家"的崛起,美国的既定方针是既要同中国合作,同时防范、迟滞中国的崛起。

在我看来,美国人的心结在于,担心中国成为下一个挑战者。问题之复杂还因为,出于意识形态考虑,美国始终视中国为非我族类。

苏联解体后,美国人以为中国将是下一张倒下的"多米诺骨牌"。没想到中国非但没有倒下,反而迅速发展,并于2010年超越日本,成为世界第二大经济体。中国的发展加快了国际力量对比的历史性变化,推动了世界进一步走向多极化的大趋势。

在此背景下,美国调整对外战略,明显加大了对亚太的政治、军事、外交投入,目的之一是防范和遏制中国,防止出现一个敢于向美国叫板的"老二"。

基辛格在《世界秩序》①一书中问，在全球化时代如何把不同的历史经验和价值观塑造成一个共同的秩序？基辛格问得好，但解铃还须系铃人，美对华关系不被局部问题绑架是关键之一。俗话说旁观者清，英国皇家国际事务研究所的高级研究员萨默斯在《金融时报》上写道，华盛顿和北京应在制定灵活和包容的政策上做出表率，而非过分担忧对方的战略意图。这不仅对美国和中国有益，对那些发现自己受到中美战略张力影响但有时缺乏影响议程能力的地区角色也是有益的。

一直以来，中国坚持以长远的眼光和战略的视野把握和推进中美关系，坚持主张以建设性方式管控两国间的分歧，防止小问题成为大麻烦。如果华盛顿能同中方一样以建设性心态处理中美关系，自觉抵制不必要的干扰，中美关系就能为两国乃至世界带来更多益处。

美国应如何看待中国

美国应如何看待中国？对此美国国内的有识之士和战略家，也在发出理性的声音。他们的头脑比较清醒，比较务实。近20年来，他们不断对世界形势和美国政策走向提出不同意见。

---

① 《世界秩序》中文版已于2015年8月由中信出版社出版。——编者注

早在克林顿时期，95 岁的资深外交官乔治·凯南就说过，目前，整个趋势是把我们自己看成政治开明的中心，而且是世界其他很大部分的导师。我认为这是没有想清楚，虚荣自负，并不可取。他强调指出：无限期地把别国政府的功能接收过来，按照美国自己的方式，而不是按照当地的传统办事，是不行的；美国最好把对领导世界的可能性的梦想和愿望缩小一点。凯南是冷战时期"遏制"政策的倡导者，他的反思言论很有代表性。

奥巴马上台后，美国一些主流媒体总结 21 世纪前 10 年的经验，也曾连续发表文章，大谈"春风得意的美国时代已经终结"。

随着国际大局势的变化，美国智库观点也在悄悄发生调整和改变。其中比较引人注目的，有美籍日裔学者福山、新保守主义代表人物米尔斯海默、卡彭特，以及澳大利亚前总理陆克文等。他们的基本立场并未改变，对新兴经济体，特别是发展中大国，都存在一定程度的傲慢与偏见。但他们在不同程度上都感到：如今的世道变了，美国的指挥棒不那么灵了，美国需要为自己寻找一个新的定位。

随着美国进一步试图强化在亚太的主导权和军事存在，美国部分媒体和知名学者，包括前总统里根的特别助理道格·班多都在担心美国"步入险境"，批评美国政府插手南海问题，奉劝奥巴马在主权争端上"置身事外"，不要继续挑衅中国，以免引火烧身；认为遏制中国是不可能的，驾驭中国的想法早已过时；应该公平对待中国，与中国合作。

由此可见，美国对待中国的态度非常多元，我们有足够大的空间做美国的工作。当前需要美国把握事态、摆正心态、端正姿态，别犯第三次战略错误。冷战后美国错误地对待俄罗斯，又发动伊拉克战争，先后在欧洲和中东犯下两次重大战略错误。

我一直和美国人讲这个道理：世界这么大，谁都有足够的发展空间。各国互相依存，美国不可能例外。美国要欢迎大家发展，帮助大家发展，这样美国就会有更多的发展机会。令人担心的是，美国总统大选候选人迎合孤立主义的思潮，都在利用美国人对全球化的日益失望。数十年来，美国中等收入人群感到维持生活水平的压力很大。过去支持自由贸易的希拉里也不得不对美国公众的新情绪予以回应。她表示，经济"被操控了"，对特权精英有利。

眼下，民调偏爱的美国下任总统仍然是希拉里。不论谁当选，我们希望美国能学会分享。当今世界多极化、全球化的趋势不可阻挡，希望美国真正做到平等待人，把世界上的事情与大家共同商量着来解决。

亚太再平衡，平衡中国的崛起

重返亚太是美国全球战略的一部分。

有人说，21世纪是亚太世纪，美要维持其在世界上的领导地位必然重视亚太。

早在20世纪80年代，就有东亚学者提出，世界中心在向亚太转移。当时，日本已经成为世界第二大经济体，接着中国取代日本成为世界第二大经济体，东亚现已成为全球最具活力和发展潜力的地区之一。美国人越来越担心被边缘化。

转向亚洲

美国最早提出"重返亚太"的是希拉里。

2009年7月，她在东盟地区论坛上高调宣称"我们回来了"，之后又于2011年在美国11月号《外交政策》杂志发表题为"美国的太平洋世纪"的文章，提出美国外交政策核心应向亚太地区战略转移。2011年11月，奥巴马在夏威夷亚太经合组织领导人非正式会议上高调亮出"亚太再平衡"战略。2012年6月，美防长帕内塔在香格里拉对话会上提出所谓"再平衡"问题，要求增加美在亚太的军事存在。美计划10年内把60%的海军军力投入亚太，以轮驻方式加强在澳大利亚的军事存在，提高与亚太国家的军演频率，加强与菲律宾、越南、日本的军事、安全合作。美国的重返亚太从一开始就把重点放到了军事上。有人认为希拉里离任前对此似有反思，2012年11月，希拉里访问新加坡，曾宣称美外交政策优先顺序将从反恐转向经济。

小布什执政之初一度视中国为战略竞争对手，2001年发生"9·11"事件后，为了"反恐"，小布什不得不做出战略调整，2001年先打阿富汗，2003年再打伊拉克。据报道，美国打这两场战争的直接军费开支为1万亿美元，间接军费开支为3万亿美元。其后果之一是2012年8月美国联邦债务突破16万亿美元，相当于每个美国人平均负债5万美元。而在此期间，中国经济长期保持快速增长。美国的重返亚太战略就是在这样的背景下出笼的。

赢得2012年总统大选后，奥巴马首次出访就选择了东盟国家中与中国关系较好的三个国家：泰国、柬埔寨和缅甸。他是首位访问缅甸的美国在任总统。美国政府丝毫不避讳该访是防范中国的"再平衡战略"的一部分。

美国的重返亚太战略明显针对中国，中国政府和公众坚决反对，并在不同场合进行了批驳和交涉，双方战略互信受到影响。奥巴马第二任期的国务卿克里已6次访华，2015年5月，克里第3次访华时曾表白说，美中不是竞争关系。这多少有点安抚中国的味道，但中国人更重视的是行动，让我们拭目以待。

美国实施重返亚太战略还有个能力问题，美国计划今后10年削减5000亿美元防务开支，随之而来的是美国将不得不收缩军力部署，而世界上热点地区又很多，美国很难集中精力重返亚太，乌克兰加上叙利亚已让美国忙得不可开交。

插足岛屿争端

自美国重返亚太以来，亚洲某些国家和中国一些历史上遗留的岛礁主权和海洋权益争议问题明显升温。

自2012年起，中国在南海与菲律宾和越南有关岛礁主权、海洋权益的争端，以及在东海与日本有关钓鱼岛主权的争端，都不同程度升温。对这些争端，美国政府虽口头表态不选边站，但采取的行动明显偏袒有关当事国。

时任美国国务卿的希拉里在访菲期间发表讲话时，故意用"西菲律宾海"的说法代替"南中国海"的国际通行说法，以支持菲律宾政府将"南中国海"改名为"西菲律宾海"的政策。美国国务院发言人公开指责中国设立三沙市，声称这一政策加剧了"南中国海"地区的争端。美国国务院发言人还公开称钓鱼岛为"尖阁诸岛"，以表示在钓鱼岛问题上对日本的支持。

美国的重返亚太战略，包括巩固美国与传统军事盟友的关系及发展与非传统盟友的战略合作。

2012年，美国同意日本的建议，明确表示将钓鱼岛纳入日美安全同盟的防务范围；希拉里2012年7月访问蒙古国时鼓励蒙古国坚持西方的民主；希拉里还打破了57年来从没有美国国务卿访问老挝的历史，于2012年8月访问了老挝；2012年7月，希拉里到访阿富汗，宣布阿富汗是美"重要非北约盟国"，这个新概念将有可能用于美与东亚非传统盟友的军事合作。

有关南海岛礁主权归属争端，20世纪70年代联合国通过海洋法时就存在，但当时这些争端只是偶尔引发有关国家之间的冲突。美国的介入，是现在南海问题升温的根源。

《联合国海洋法公约》1994年11月16日正式生效后，美国对南海的基本政策由"不介入"转为"介入但不陷入"。近年来，美国重返亚太，在南海问题上明显偏袒有关当事国，甚至公然调动军事力量在中国南海上演"闯入"戏码，配合其亚太再平衡战略，企图利用南海问题，影响中国与周边国家的关系。

随着中国与东盟相互成为对方的重要经贸伙伴，美国在同东盟的经贸往来方面已不可能同中国竞争，只能利用其军事优势阻隔中国与东盟国家大市场的形成。美国近年来染指南海地区事务，实质是企图通过南海问题破坏、遏制中国经济的快速发展，维持其对亚太事务的主导权。

美国在亚太地区的这些动作，引起了亚太很多国家的反感。2016年4月，印尼前总统苏西洛在澳大利亚首都堪培拉出席一场安全会议时，批评美国政府在推进亚太再平衡战略时缺乏透明度，5年前美国决定在澳北部轮换驻军时，对印尼连声招呼也不打。其实，美国对盟国常常也很不尊重，美国最近曾就澳大利亚将达尔文港租赁给中国企业秘密在澳开展民调，澳政府高官对此表示"吃惊和愤怒"。

美国不会帮日本火中取栗

2012年，安倍出任日本首相后，日方在历史等问题上采取错误做法，严重伤害了中日关系。钓鱼岛问题随之升温。

钓鱼岛问题升温是安倍政府制造出来的。

钓鱼岛的争端白热化，肇始于日本推翻了中日以前达成的共识。

过去日本承认中日在钓鱼岛归属问题上有争议，安倍上台后却拒不承认这一点，使得日本的立场倒退了。

2012年9月，鹰派政治家安倍晋三开始了新一轮的首相竞选，同年12月再度出任日本首相。安倍要选举，而日本又处于经济困难、民众对政府不满的当口，为了操弄民意，安倍打出了钓鱼岛这张牌，以转移国内民众的视线。

日本是美国的盟国，美国会继续拉日本来制衡中国，但美国不会帮日本火中取栗。美国很务实，绝不会做对自己不利的事情。美国和日本的利益并不完全一致，美国和日本常常各取所需，互相利用。美国的关注重点是把日绑在美国战车上，在美国力有不逮时日本能出手相助，而安倍的如意算盘是通过修改《日美防卫合作指针》，突破和平宪法的约束，为最终修宪铺平道路。

2016年4月，G7（七国集团）外长会议在日本广岛举办，为5月底召开的七国集团峰会做准备。日本利用其东道主身份，台前幕后大搞小动作，试图让美国就当年投下原子弹道歉。从外媒报道看，日本的算盘落空了。一位陪同克里访问的美国务院官员表示："如果你问国务卿到广岛是否会道歉，答案是否定的。"在对俄外交上，美日也有矛盾，美国认为日本不惜破坏G7团结而急于改善对俄关系的姿态不符合美日双方的利益。

总的来看，自美实施重返亚太战略以来，地区国家的反应堪称曲高和寡，而盟国如日本又胸怀二心。在美需要重返亚太之际，地区国家和日本等盟国的态度正在掣肘美国落实这一战略。

中美关系的最大挑战

媒体朋友总爱问我，对中美关系有何期待？我觉得首先要处理好台湾问题。虽然中美按美同台"断交、撤军、废约"三原则建了交，但是台湾问题仍是中美关系面临的一大难题。美置中美

《八一七公报》于不顾，坚持售台武器，这是中美关系中最大的不稳定因素。再有就是美须客观公正对待中国的和平发展，冷静接受中国的和平发展，把中国的和平发展看成是美国的机会。

老游戏，新时代

当今世界正在经历复杂深刻的变化和调整，既给世界带来重要机遇，也带来一些不确定、不稳定因素，大致可以分为以下三类。

一是旧病"复发"。俄新版国家安全战略首次点名美及北约已成为俄的政治对手和安全隐患，2014年乌克兰危机爆发后，俄与西方关系从回暖合作转向趋冷对抗。三方围绕叙利亚、乌克兰危机进行角力，2016年俄与西方关系转圜仍然动力不足。日本长期以来对历史问题的错误认识进一步发展，安倍政府千方百计企图摆脱战后国际秩序的束缚，成为亚太地区稳定的干扰源。

二是"并发症"集中爆发。"伊斯兰国"的崛起折射出"越反越恐"的安全困局。这些年中东政局动荡，战乱频发，民生艰难，给恐怖极端势力滋生蔓延提供了土壤。

三是新的"疑难杂症"层出不穷。从全球气候变化到西非的埃博拉疫情，从金融危机到经济衰退，人类社会面临的威胁和调整更加复杂多元。

中美作为两个大国和世界经济的两大引擎，在维护世界和平稳定、促进共同繁荣方面拥有共同利益，双方协调合作是两国关系的主流。中美合作虽不能包治百病，但如果没有中美合作，很多问题将更难解决。中方历来主张双方在相互尊重、平等互利的基础上，进一步加强在地区和全球层面的协调与合作，共同发挥建设性作用。

中美要在地区和全球进行有效协调合作，首先要从亚太做起。

当前，中美面临的一项重要任务就是避免战略误判。我们提出亚洲安全观，其核心是要合作不要对抗，以合作精神构筑共同安全。我们希望在实力对抗、军事结盟之外，为国与国之间克服"安全困境"探索一条新路。这不仅适用于亚洲，也具有全球意义。

我们积极推动建设"丝绸之路经济带"和21世纪"海上丝绸之路"、筹建亚洲基础设施投资银行，目的是打造中国与周边和地区国家经贸合作的升级版，促进区域经济一体化和共同繁荣。

时代不同了，"门罗主义"在21世纪没有市场，也注定走不通。全球化的世界不应也不会被割裂成不同的阵营和集团，搞恶性竞争和冲突对抗只会造成双输的后果。中方愿与美方一道，不断培育战略互信，以开放包容、相互尊重的方式推进在亚太和全球层面的协调合作，更好地造福两国人民和世界人民。

中国绝不称霸

美国有人出于莫须有的理由，对中国的发展心存戒备。美国有人甚至声称，中国的发展注定走向军事扩张，中国正在踏上与美国冲突的道路，中国对美国的利益是个威胁。

事实是，近年随着经济发展，我们适当增加了国防经费，主要用于提高军人工资和待遇，只有一小部分用于适度增加装备建设。无论从人均还是绝对数额看，中国的国防支出都比其他大国少得多。我们奉行防御性的国防政策，中国军队的使命是维护主权和领土完整，而不是谋求势力范围。

中国一直把走和平发展道路作为国策，一心一意投入社会经济建设，目标是提高13亿中国人民的生活水平。我们的方针政策的核心是"对内和谐，对外和平"。

目前，中国的进一步发展主要面临三大挑战。

第一是资源短缺。我国石油、水资源、耕地面积的人均占有量分别只有世界人均水平的8.3%、25%和40%。中国利用资源的效率也很低，每创造100万美元的GDP，能源耗费分别是美国、欧盟、日本的2.5倍、5倍和9倍。

第二是生态环境的挑战。当前，污染严重、浪费严重和低回收率，已成为中国经济可持续发展的瓶颈。

第三个挑战反映在一系列两难问题中。比如，既要使GDP持续快速增长，又要加快社会建设步伐；既要推动技术进步和产业升级，又要扩大社会就业；既要保持东部地区的强劲发展势头，又要促使东西部共同发展，等等。

要成功应对这些挑战和解决这些问题，中国不可能走美国或其他任何发达国家走过的道路，而必须实现超越。

第一是超越旧式工业化道路，继续推进新型工业化。中国下决心要走出一条科技含量高、经济效益好、资源消耗低、环境污染少、人力资源优势得到充分发挥的新型工业化道路。

第二是超越历史上后起大国的传统发展道路和以意识形态划线的冷战思维，同世界其他国家一道努力实现和平、发展与合作。

第三是超越不合时宜的社会治理模式，致力于构建社会主义和谐社会，使全体人民共享改革发展的成果。

中国致力于和平发展，已成为国际关系演变中不可或缺的重要推动者。中国将同世界爱好和平的国家和人民一道，共同维护以联合国为核心的战后国际体系，维护以联合国宪章宗旨为基础的国际关系基本准则；继续推动世界经济增长，并为全球金融稳定与改革注入新活力；继续参与全球性重要议题，做出自己应有的贡献；继续充分展现负责任大国的担当，为应对气候变化全球合作发挥应有作用；继续努力践行中国特色热点问题解决之道，为维护世界和平与安全发挥建设性作用。

我希望美国朋友不要动辄套用美式思维来判断中国，想清楚了这一点，中美关系的前景就会豁然开朗。

美国要有战略眼光

1979年1月，中美正式建立大使级外交关系。30多年来，两国从昔日的相互隔绝对立，发展成现在的利益攸关方和建设性合作者，乃至成为当今世界最具重要影响的双边关系之一，这大大超出许多人当年的想象。

回顾30多年来的中美关系，有许多经验教训值得记取，我认为如下五条尤其重要：

第一，坚持以战略眼光和长远角度看待和处理中美关系；

第二，客观理性看待对方的发展；

第三，不断拓展两国共同利益；

第四，谨慎妥善处理台湾问题；

第五，相互尊重，求同存异。

具体而言，要推动双边关系的发展，中美双方应妥善处理以下几个问题。

第一，在战略安全领域增进交流和互信，扩大共识与合作。当前，人类社会发展依然面临严峻挑战。武装冲突和局部战争接连不断，恐怖主义危害依然严重，各种非传统安全问题给中美以及世界各国人民都带来新的威胁。在新的历史时期，中美有必要在反恐、防扩散、亚太事务、打击跨国犯罪、防范传染病等一系列传统和非传统安全领域合作，共同维护和促进亚太地区与世界的和平、稳定和安全。

第二，继续推进中美经贸合作。中美两国关系已经深度交融。中国是美国第二大出口市场，第一大国债持有国，美国对中国的重要性毋庸置疑。我们一直在用对美欧贸易顺差来弥补对台湾地区和韩国、东盟的贸易逆差。中美关系如不稳定，双方都难以承受。

第三，加强中美民间交流。中美建交以来，两国已缔结了43对友好省州和200多对姐妹城市。中国有超过30万人曾在美国留学，来华学习的美国留学生也已超过万人。中美在文教、卫生、执法等领域的合作及民间交流屡创新高。

第四，妥善处理有关分歧，特别是台湾问题。维护台海和平与稳定，是中美共同利益所在。

我们在对台政策上有三点基本考虑。

一是发展两岸关系。我们愿意与承认体现大陆和台湾同属一个中国的"九二共识"的台湾任何政党和人士进行对话与交流。

二是维护台海和平。"台独"分裂活动是两岸关系发展的最大障碍，是台海和平稳定的最大威胁。我们坚决反对"台独"，就是为了消除可能导致台海冲突的隐患和根源。

三是致力于实现和平统一。以和平统一的方式解决台湾问题，最符合两岸同胞的利益，也最有利于保持亚太地区的稳定、繁荣。

在台湾问题上，美方曾向中国做出明确承诺，并写入中美三个联合公报，但美方却一再背弃承诺。中美建交以来美国对台军售数量令人触目惊心，给中美关系造成严重损害。

我至今记忆犹新的是，美方1995年允许李登辉访美，使中美关系遭受重大挫折。中方做出强烈反应，召回驻美大使，我就是在这个时候被任命为中国驻美国使馆公使，担任了4个多月的临时代办。

历史证明，中美关系能否顺利发展，很大程度上取决于美国政府能否按中美三个联合公报妥善处理台湾问题。

第三章 中国的崛起与世界

当今世界正在经历深刻变化。国际形势总体稳定，和平与发展仍是时代的基本特征。国际力量对比显现出一个重要特点，用通俗的话讲，叫作东升西降。

以中国、俄罗斯为代表的新兴经济体国家正群体性崛起，与之形成对照的是以美国为首的西方力量相对下降，10年前国际力量严重失衡的情况有所改观。

2015年2月，国际货币基金组织（IMF）发布数据称，按照购买力平价（PPP）的计算方式，中国2014年的GDP为17.6万亿美元，而美国为17.4万亿美元，中国已超过美国，成为世界第一大经济体。

对此，我们在欢呼雀跃的同时，还应保持清醒的头脑。即使按购买力平价计算，中国人均GDP只排在全球第99位，远落后于美国的第12位。此外，看经济不能只看总量，质量和效益更重要。数据显示，中美之间的经济发展差别，不是量的差别，而是质的区分。中国正努力赶超世界先进水平，认真解决经济存量小、创造少、GDP人均少等问题。

世界秩序与中国世纪

中国正越来越接近世界舞台的中心。2007年1月，美国《时代》周刊封面上赫然印着"中国：一个新王朝的开始"。其中一篇名为"中国世纪"的文章称，中国的和平崛起已成为既定事实，21世纪注定是中国的世纪。

翻开现代国际关系史，史家通常把20世纪称为美国世纪。美国从20世纪初在经济总量上全面超越当时的欧洲强国，成为世界第一，随后利用第一次世界大战巩固了自己的经济地位，并在政治、军事上与英、法平起平坐。"二战"前，美国吸纳了大批从欧洲出逃避战的优秀科学家，成为世界科技中心。"二战"后，美国利用自己的强大实力击败对手，逼服盟友，把世界政治、经济、军事、科技的控制权牢牢抓在自己手里。

"二战"后，苏联的崛起一度对美国的地位构成挑战，但美国最终还是赢得了对苏冷战的胜利，并建立了美国领导下的世界秩序。美国定义的这个"世界秩序"的支柱是美式价值观、美国的军事同盟体系和包括联合国在内的国际机构。一旦美国认为其他国家偏离了它所定义的世界秩序，就会认为这些国家在挑战美国。美国还要把它认知的"人权"和"自由"秩序延伸到其他国家。

对比"中国世纪"和"美国世纪"，两者差别首先反映在对世界秩序的态度上。过去几百年都是由大国的实力来决定国家之间的秩序和平衡，这种国际秩序到了20世纪后半叶开始转向世界秩序，它是各种力量板块之间的平衡，现在特别体现在发达板块和发展中国家之间的南北关系上。

进入21世纪，全球秩序逐渐显现，其主体是国家和非国家以及人类和地球的关系。美国的想法还停留在20世纪版的国际秩序中，并想把它保留到21世纪末，用奥巴马的话来说，就是美国还要领导世界100年。中国提出构建"人类命运共同体"，就是把21世纪的各种新变化都考虑进去，在维护现存国际秩序合理部分的同时，改造其不公正、不合理的部分。

新的秩序不是"美国治下的和平体系"，因此，当代秩序的关键问题是，代表20世纪国际秩序的美国和引领21世纪世界秩序的中国能否携手共建、共治、共享。中国领导人多次表示我们支持现存国际秩序，指的是以联合国宪章宗旨和原则为核心的国际秩序和体系。中国是这一国际秩序的创建者之一，也是获益者和贡献者，同时还是改革的参与者。

国际新秩序与大国兴衰

2015年9月，习近平主席在美国西雅图发表演讲指出，世界上很多国家特别是广大发展中国家都希望国际体系朝着更加公正合理的方向发展，但这并不是推倒重来，也不是另起炉灶，而是与时俱进、改革完善。

我们现在经历的这次国际体系的改革完善，同世界近现代史上任何一次国际格局重组都不一样。

自从17世纪欧洲列强通过一系列战争建立起旧欧洲秩序以来，历史上每一次国际新秩序的形成，都是通过战争，特别是大国之间的大规模战争来完成的。第一次世界大战后形成了"华盛顿—凡尔赛体系"，第二次世界大战后形成了美苏主宰的国际政治秩序，并形成了与之相生相伴的战后国际经济与金融秩序。

20世纪90年代初，冷战结束，苏联东欧集团解体，持续了40多年的美苏两极"雅尔塔体系"不复存在，苏联主宰的"社会主义大家庭经济体系"分崩离析，美国领导的北约以及美日、美澳等西方同盟的结构和基本职能正发生深刻变化。美国在第二次世界大战后建立并主宰的"布雷顿森林体系"早已垮台，以国际货币基金组织、世界银行和后来演化成世界贸易组织（WTO）的关贸总协定为三大支柱的旧的国际经济和金融体系也发生了根本性变革。

2001年，美国高盛公司首席经济师奥尼尔首次提出"金砖四国"这一概念。2003年10月，高盛公司发表题为"与'金砖五国'一起梦想"的全球经济报告。报告估计，到了2050年，世界经济格局将会经历激烈洗牌，全球新的六大经济体将变成中国、美国、印度、日本、巴西、俄罗斯。2009年6月，"金砖四国"领导人在俄罗斯举行首次会晤，并发表"叶卡捷琳堡会晤联合声明"。2010年4月，第二次"金砖四国"峰会在巴西召开，并发表联合声明阐明对世界经济形势等问题的看法和立场，商定了推动相互合作与协调的措施。至此"金砖四国"合作机制初步形成。2010年12月，"金砖四国"同意吸收南非加入合作机制，并更名为"金砖国家"（BRICS）。五国在全球气候变化、联合国改革、减贫、全球经济治理等重大全球和地区问题上积极协调立场，维护了新兴国家和发展中国家的利益，在建设一个公平、平衡的国际政治、经济新秩序方面发挥了应有的作用。

影响当前国际新秩序发展变化的，主要有两大趋势。

一是在经济全球化浪潮冲击下，世界经济板块分化重组。

原来的南北结构，即发达世界和发展中世界两大板块，正在分化成发达经济体、发展中经济体和迅速崛起的新兴经济体三大板块。在这个重组过程中，全球经济的重心正在向新兴经济体密集的亚洲地区转移。

以"金砖国家"，即中国、印度、俄罗斯、巴西、南非为代表的遍布亚、欧、非、拉美的十多个新兴经济体国家，是经济全球化潮流中迅速崛起的经济力量。特别是亚洲，是新兴经济体相对密集、经济增长速度最高的地区。国际货币基金组织的统计和研究表明，过去20年亚洲经济年均增长保持在8%以上，现在亚洲对于全球经济增长的贡献率已经超过美欧，达到50%以上。到2030年，亚洲地区将超越传统的世界经济中心地区欧洲和北美，成为世界经济格局中最大的经济区。随着亚洲与欧洲、北美经济力量对比的此消彼长，世界经济重心正在向亚洲加速转移。

新兴经济体作为一个群体迅速崛起，不仅正在改变全球经济总产出的格局，还促进了国际经济体系发生深刻变革。曾经主导世界经济的西方G7在1975年建立时，七国的GDP总和占了当时全世界GDP总和的67%。而到了2010年，中国、印度等7个新兴经济体的GDP之和已经占到全球经济总量的21.5%，而G7所占比重则下降到50%左右。更重要的是，这个趋势还在继续快速发展。专家们普遍预测，2050年全球经济总量的分布将出现结构性的重大改变，中国、印度、巴西、俄罗斯等新兴经济体将取代日本、德国、法国、英国等老牌发达国家，进入世界最大经济体的前列。世界前七大经济体中，除了美国和日本，其余五个都将是新兴经济体。其中，中国和印度的经济总量将远远超过欧元区各经济体GDP的总和。

世界经济重心的重大转移，必然带来国际货币体系、国际贸易体系、国际分工体系，乃至全球资本流动体系的结构性改变。国际经济事务中，G20取代西方G7的趋势将进一步发展；在国际货币基金组织、世界银行、世界贸易组织这三个世界经济的支柱性组织中，"权力再分配"与规则改造进程正在加快，新兴经济体与发达经济体之间在话语权方面此消彼长变化的步子在加快。

二是国际关系的多极化导致大国关系重新洗牌。

其中对国际新秩序和力量对比影响最大的，就是中美关系的结构性变化。

中国作为新兴大国，正在迅速缩小同"老牌"超级大国美国的实力差距。2001年，中国的GDP总量是美国的约1/8，而10年之后的2011年，中国的GDP约合7.3万亿美元，已经达到美国同年GDP的近1/2。中美各自经济产出总量的差距，从1/8缩小到1/2，仅仅经历了10年左右；在这10年当中，中国先后在国际贸易年总量、制造业产值年总量，以及吸引外商直接投资（FDI）年总量等各项关键经济指标上超越美国，成为世界第一。

中国在经济总量上超越美国会不会使中美重蹈过去"新兴大

国"同"守成大国"从战略竞争走向战略对抗的老路？

对此，党的十八大给予了十分明确和具有历史意义的回答：中国将继续高举和平、发展、合作、共赢的旗帜，坚定不移地致力于维护世界和平、促进共同发展，坚定不移地推动建设持久和平、共同繁荣的和谐世界，并明确提出"人类命运共同体"概念。"和谐世界"理念及"人类命运共同体"理念写进了十八大报告，成为中国特色外交理论体系的重要组成部分，也成为指导中国国际战略和对外政策的核心理念之一。十八大以来，中国的大国外交走上了积极构建"新型大国关系"快车道。这一概念酝酿于十八大之前。2013年6月，习近平主席与奥巴马总统的庄园会晤对中美化解分歧、增进理解与互信起到了关键作用，中美关系开始步入"新型大国关系"的轨道。

在大国关系重新洗牌的过程中，俄罗斯和日本的发展动向值得关注。

俄罗斯作为新兴经济体，近年来经济实力迅速恢复和重新崛起，其世界一流军事大国的地位随之得到恢复。有两个标志性和意义深远的动向。一是俄罗斯恢复了远程战略轰炸机对美国领空周边区域的战略巡航，并开始环绕日本国土的巡航飞行；俄罗斯的核动力潜艇主动抵近美国战略核潜艇基地，以及北约欧洲盟国的大西洋沿岸海域游弋。二是2013年俄开始积极筹划向太平洋和印度洋派遣常驻舰艇编队。俄的上述战略性举措，凸现了其欲在国际政治和全球战略安全领域恢复大国地位、争取主导权的战略意图。这自然引发了美俄之间更为复杂和激烈的战略博弈。

日本在经济上经历了两个"失去的10年"，其国际经济和政治影响力有所下降，日本国内对此普遍感到焦躁不安，保守主义势力迅速蹿升。安倍政权上台后，加快了修改和平宪法、建立国防军的进程。其长远目的是为了恢复日本昔日的军事大国地位，以便在未来的国际政治安全竞争中，彻底甩掉"放弃对外行使战争权"的"战败国"帽子，以"正常国家"的身份，在未来国际政治和亚太安全格局中，占据有利地位。

总之，世界主要大国着眼未来国际政治与安全新秩序，都在布子谋局。而其结果与美等西方国家愿望相反，是世界多极化，国际关系民主化。

中国机遇和未来 10 年的发展前景

目前，中国的经济发展正处在结构调整和转换发展方式的关键时期。

改革开放 30 多年来，中国经济持续高速发展，中国社会已经从一个传统的农业社会，快速进入到工业化中期阶段。中国政府现在的目标是，通过转变发展方式以及经济结构调整，推动中国社会平稳进入工业化的中后期阶段，即信息工业化阶段。

过去30年间，工业化使中国成为"世界工厂"，制造业具有极大的生产能力。在这个进程中，纺织、电力、钢铁、机械设备、汽车、造船、化工、电子、建材等产业成为中国经济高速增长的主要动力。

与其他已经实现工业化的国家不同，中国虽已总体上进入工业化中后期阶段，但其经济和社会发展的不平衡仍十分突出。

据统计，从1978年中国改革开放的第一年到2011年的32年间，中国经济一方面保持了年均9.9%的增长速度，2009年中国GDP超越德国，成为世界第三大经济体；2010年，中国GDP超越日本，成为世界第二大经济体。

另一方面，中国人均GDP只有4400美元，仅相当于世界平均水平的一半左右；从地域上看，中国的经济社会发展水平很不均衡，东部沿海地区的人均GDP几乎是西部地区的2.43倍；城乡差距进一步扩大。2015年，中国城镇居民人均收入是农村居民的3倍多。近几年来，特别是2008年全球金融危机以来，中国经济的不平衡发展已经越来越影响到中国经济高速增长的稳定性和可持续性，也越来越影响到农业剩余劳动力在工业化、城镇化进程中的就业问题。

中国目前拥有9.18亿劳动人口，要给如此庞大的劳动人口提供稳定的就业，必须维持比较高的经济增长速度。问题是，中国经济正在转换发展方式和调整结构，而全球经济已经持续多年低增长，美、欧、日等世界经济引擎纷纷失速甚至陷入衰退。在此形势下，中国经济如何发展，众说纷纭。有人看空中国，也有人看好中国。

2014年，习近平主席在河南省考察时首次提出"新常态"一词。这意味着中国经济将出现增长速度适当减低的态势。如果说，过去33年中国经济的年均增长速度保持在9.9%，今后中国经济的增速将会降低到"温和高速"的水平，即从现在起到2020年，中国经济增长率将维持在年均7%左右。主流经济学家们认为，2020年之后，中国经济增长率将进一步降低到5%左右。推动经济持续增长的主要动力源，也将从出口和投资双引擎转变为出口、投资、国内市场需求三引擎结构。

当前，全球金融体系的内在结构性矛盾远未解决，金融危机还在深化，全球经济增长的不确定性和下行风险依然很大。作为世界经济传统引擎的美、欧、日等发达经济体，近期复苏无望，而新兴经济体目前的经济增长还不稳定，也远不能替代发达国家。我们面前的突出问题是：谁是世界经济可持续增长的主要引擎？

通过研究和观察，我们发现一个新的趋势：在全球经济下行风险加大的情况下，世界经济增长动力源在发生结构性变化，国家板块，例如发达国家板块、新兴经济体板块的总体作用有所下降，而产业板块的经济增长点的推力作用日益突出。转换发展方式，包括转变"经济增长引擎"的传统思维，从国家板块转向产业板块。这就意味着，任何国家，即便经济总体低迷，也能打造新兴的经济增长引擎产业。

这种结构性变化，将加剧产业之间的不平衡发展，个别产业有可能跃居经济增长主要引擎的地位，有些产业则将被挤出支柱产业之列，甚至被淘汰。而决定该产业地位上升或下降的关键因素，是该产业技术进步的速度。例如，中国家纺产业的技术进步速度，将决定中国家纺产业未来地位的上升或下降，甚至被淘汰。

另一方面，全球将迎来新一轮科技创新浪潮。中国的"自主创新"、美国的"新创新时代"，以及其他各主要经济体的科技研发与创新，将使未来几年各国在科技创新方面均加大投入，形成百舸争流的激烈竞争局面。特别值得关注的是，低碳排放的巨大社会压力和巨大市场需求，将触发人类文明史上的第四次工业革命，未来几年各国的科技创新竞争，客观上将为新一轮工业革命创造条件。这无疑将给我们加速产业技术进步，加快结构调整，带来巨大的机会和动力。

未来 10 年，是"中国制造"转型升级的关键 10 年，必须坚持创新驱动、智能转型、强化基础、绿色发展。未来 10 年，将是中国从制造大国转向制造强国的决定性 10 年。

有话语权不等于要当"世界领袖"

2008 年，全球爆发金融危机，中国妥善应对，国力倍增，在国际上有了更多的话语权。如何把话语权用好，如何把中国故事讲好，是我们下一步努力的方向。

围绕话语权的斗争

话语权，简单说就是发言权。

国际政治的现实是，目前四大西方主流通讯社美联社、合众国际社、路透社、法新社每天发出的新闻量占据了整个世界新闻发稿量的 4/5，传播于世界各地的新闻，90% 以上由美国等西方国家垄断。西方 50 家媒体跨国公司占据了世界 95% 的传媒市场。美国控制了全球 75% 的电视节目的生产和制作，许多发展中国家的电视节目有 60%~80% 的栏目内容来自美国，西方发达国家主导世界新闻舆论和控制世界传媒市场，从而形成了这一平台的话语霸权。

世界只有一种话语是很危险的。联合国教科文组织发表的一份有关国际传播领域问题的报告认为，高度的独占和集中是为了维护垄断资本的利益、意识形态和世界统治权力，而在这一信息的单向流动过程中深受其害的往往是发展中国家。这份报告主张国际社会应建立世界传播新秩序，以实现话语多样化和公平的话语权。

当前，国际话语权基本仍然是以西方为中心，国际话语体系仍处于不平衡、不平等、不公平的格局。随着世界多极化趋势的发展，国际话语权正在重新分配，新的信息传播秩序和格局也呈现出多极化。最近，国内媒体对印度政府如何"修理"Facebook（脸谱网）做了报道。2016年2月，印度互联网管理机构——印度电信管理局（TRAI）出台《禁止数据服务区别化定价条例》，明令禁止Facebook"免费网络"计划等区别化定价手段在印度推行，维护印度政府在互联网"最后一公里"上的主导权。大多数印度网民和主流媒体认为美国互联网巨头Facebook的"免费网络"计划仅提供经过筛选的限定内容，破坏了网络传输数据的同等优先级，形成互联网"围墙花园"，不符合"网络中立性"原则，不利于维护互联网的开放和公平。

就中国的话语权而言，快速发展的中国需要更好地向世界解释自己"从何处来"与"向何处去"。这不仅关乎让世界更全面、客观和理性地认识、理解和评价中国，更影响到未来构建一个什么样的国际话语新体系和世界信息传播新秩序。为此，我们应加强顶层设计，统筹对外传播资源；主动设置国际议题，诠释自己，解读世界；传播主体要多元联动，创新叙事方式，形成复合传播模式。

总之，我们要努力增强中国对外传播的力度，支持海外华人华侨的话语权；坚持以人为本的理念，拓展我国际话语权的话语平台；维护国家的核心利益，展示负责任的中国的大国风范与形象。

耐心地摆事实，温柔地讲道理

在话语权总体西强我弱的情况下，摆在我们面前的一大挑战是，要广交朋友、广结善缘；要以理服人，而不是以势压人；要设身处地，做到双赢。

在美国当大使的时候，"实话实说"活动给我留下深刻印象。从 2002 年起，中国人民对外友好协会先后派了数批由中国普通老百姓组成的"实话实说"代表团走进华盛顿国会山，与 98 名美国联邦参众议员进行对话。

记得 2008 年 5 月四川汶川大地震后，对外友协组织了一个"实话实说"代表团赴美访问，团员中有来自北川中学的高二学生和来自北京、河南的民营企业家。在对外友协和美国全球家庭基金会共同举办的"全球家庭日"活动中，17 名美联邦众议员到场。北川中学的学生用英语介绍了抗震救灾的情况，并感谢美国及时给予中国援助。北川中学学生的发言感动了所有听众，赢得了热烈的掌声。一位资深国会人士称赞说，能请到这么多众议员倾听发生在中国的故事，很不容易，也很需要。

这就是讲好中国故事的意义，美国人不但愿意听，也越来越重视这样的声音。

我们应更加重视讲好中国故事，帮助世界更深入地了解中国。至于那些对中国有成见或者偏见的人，我们要尽量多做工作，他们能接受多少就接受多少，相信精诚所至，金石为开。但我们的重点始终是争取绝大多数人的理解和支持，相信世界上绝大多数人都欢迎中国的改革开放，都支持中国主张的国际政治经济新秩序，对这一点我们有自信。

新常态也是一个阵痛期

2015年，中国经济最热的一个词可能就是"新常态"。

自习近平主席2014年5月在河南考察工作时首次提及"新常态"以来，这个词就越来越频繁地出现在人们的视野中。

改革开放30多年来，高增长一直是中国经济的标签。自2012年起，中国经济增速开始逐年放缓。2008年，全球爆发金融危机，各国经济不同程度地进入衰退。为使经济保持增长，中国政府采取了一系列刺激措施。2015年，中国经济交出增长6.9%的答卷，中国政府未再采取大规模刺激措施，而是向过去的"唯GDP论"挥手告别。

创新思维

"新常态"这个说法最开始出现在西方,是针对当时西方两高一低——低增长、高负债、高失业。我们讲的"新常态",背景完全不一样,包含四个方面的内容:一是增速换挡,从高速增长转为中高速增长;二是经济结构优化升级;三是经济驱动力发生转变,不再像过去靠要素驱动,而是靠创新驱动;四是多挑战,面对的挑战可能会增加。

简而言之,新常态意味着速度适宜、结构优化、相对稳定的增长。金融危机面前,如何保持经济持续稳定增长,始终是我们宏观经济调控的重要任务和目标,否则改革很难进行下去。改革是有难度的,涉及方方面面的利益调整。之所以要提出"新常态",是为了让大家科学认识当前的经济形势,积极应对随之而来的新挑战。

新常态给我们带来了新愿景,但也是一个阵痛期。随着中国经济进入新常态,变化的不只是政策导向、产业布局,还有普通百姓的日常生活,比如就业、物价、房价、股市等。新常态是旧的增长点在逐步退出,新增长点在逐步形成,有一个新旧交替的过程,这必然带来企业的自我调整,也是年轻人创业的好机会。

寻找新的经济增长点,概括地讲,就是要寻找新产品、新技术、新的业态和新的商业模式。从世界范围来说,以美国为例,现在发展比较快的三个行业:一是移动终端、移动互联网,二是3D

打印，三是页岩气、页岩油。对于企业或个人而言，谁能快速适应经济形态的转变，找到适应自身发展的新增长点，谁就能做到弯道超车。

承担责任

所谓"新常态"，不仅是增长速度的调整，更是思维方式和观念的改变。

目前，低碳经济全球涌动。全球发展低碳经济的潮流正在改变世界经济、贸易格局，加大对新能源和环保产业的投入已成为当今世界各主要国家应对经济危机、实现绿色复苏的关键着力点。

中国的国情和发展阶段的特征，决定了中国在应对气候变化领域比发达国家面临更为严峻的挑战。中国的低碳经济刚刚起步，作为一个负责任的发展中大国，应遵循《京都议定书》的框架精神，主动承担减排责任，将压力转化为机遇，以低碳发展开发新能源和推动技术创新，促进产业结构的调整和升级，从而实现发展方式的根本转变。

未来的中国经济将更重视质量，而非速度。这种有质量的增长，一定是资源和环境能够承受的，是可持续的，而不是对资源和环境的过度消费和对下一代的透支。

需要指出的是，实现可持续发展，不透支我们下一代的环境和资源，不仅仅是我们对下一代的责任和义务，绿色经济本身就将为增长提供新的、强大的、源源不断的动力。正如习近平主席指出的，"绿水青山就是金山银山"。

旧有增长模式的不可持续，企业是最先感受到的。对许多企业来说，可持续发展不仅仅是一种道义上的责任，更是生存和发展所必需的。在经济下行的大背景下，最先受到冲击的，往往就是过度依赖资源消耗和低劳动力成本、不思创新的低端产品和行业；随着民众生活水平的提高和环境意识的加强，不重视环保、污染环境的企业感受到了越来越大的生存压力。

企业必须认识到，可持续发展是一种不可逆转的大趋势。大浪淘沙，要在日益激烈的市场竞争中生存、发展，只能顺势而为，主动转型。社会责任与品牌、产品质量、服务一样，都是企业竞争力不可分割且越来越重要的一部分。

可持续发展是大趋势，短期看成本会增加，利润会下降，但从长远看，这些短期代价是必须付出的。不主动转型适应可持续发展的大趋势，最终将付出更大的代价，甚至被市场淘汰。

"一带一路"下新的区域形势

当前，全球经济仍处于全球金融危机后的深度调整期，低增长、低通胀、低需求同高失业、高债务、高泡沫等风险交织,主要经济体走势和政策取向继续分化,经济环境的不确定性依然突出。

大多数发达经济体无力恢复到危机前的增长水平,而一些新兴经济体则遭遇逆风,难以维持以往的强劲增长,甚至面临金融资产在市场上被抛售的局面。与之形成对照的是,亚洲市场潜力巨大,加之劳动力、自然资源、社会结构等综合支撑作用得到有效发挥,亚洲地区成为全球经济发展的亮点。

在全球经济复苏缓慢的背景下,亚洲各国和经济体都在转换经济发展方式,以开辟新的发展空间。他们把重点放到了优化发展战略、推动变革创新和转变经济发展方式上。当前,进一步携手合作,战胜挑战,迎接未来,建设更为紧密的命运共同体,是决定亚洲命运的重大课题。

大国很重要,首要是周边

在中国外交的优先顺序中,大国是关键,这比较好理解。就大国的影响力和在世界上的作用来说,大国关系对任何国家而言,都是其对外关系中必须认真应对,一定要处理好的一对关系。

俄罗斯是中国最重要的战略伙伴,两个国家都处于民族复兴的关键时期,也都面对着西方的压力。俄罗斯正在"向东看",这给了中国很大的机遇。

欧盟是世界上非常重要的一极，随着中国的不断强大，欧盟对中国的态度也在变化。中国国家领导人访问欧洲时，在德国、法国、比利时等都受到了极高的礼遇，在欧洲掀起了一股"中国风"，也掀开了中欧合作的新篇章。

中国有29个邻居，陆上邻国就有14个，处理好与周边国家的关系，对我们有着很特别的意义。

我们一直很重视周边，把周边定位为对外关系的首要，方针是以邻为伴，与邻为善。

在2013年的中国周边外交工作座谈会上，习主席进一步提出了四个字：亲诚惠容。"亲"，就是使周边国家亲近你，感到你是可亲的，能够接受你；"诚"，就是要诚心诚意对待周边国家；"惠"，是指中国的发展要能够惠及周边所有国家，使它们能感受到中国的发展给自己带来的实惠，最后达到共同发展的目的；"容"，就是要更加包容。

习主席在讲话里还强调，要以立体的、全方位的、超时空的视角来看待周边关系。什么叫全方位？不光是政治关系，经济、安全等各方面的关系都要考虑到。什么是超时空？就是要把过去、现在和未来联系起来看我们和周边国家的关系。

朝鲜的核问题，一直都是朝鲜半岛的不稳定因素，还为日韩发展核武器提供了借口。中国反对朝鲜拥核，主张半岛无核化。目前，朝鲜无意弃核，朝鲜半岛局势起起伏伏，解决这个问题，需要较长时间。

中日矛盾，主要集中在钓鱼岛问题上，日本非法购岛，中国的反应是划出了东海防空识别区，包含钓鱼岛在内。对日本要警惕日本政治右倾化思潮的泛滥，同时应看到2015年年底以来中日关系逐步回稳，经贸先热，为跨境电商和第三方市场带来了新机遇。

美国在南海"拉偏架"，而不是保持实质中立，使南海问题更加复杂严峻。美国应以建设性言行看待中国和东盟国家间的南沙岛礁领土争议问题，而不是向有关当事国出售与部署新型武器和加强军力配置，更不应修改《日美防卫合作指针》、支持强制仲裁。2015年11月，针对美国防部长卡特登上美国"罗斯福"号航母，通过马来西亚附近的南海海域，并宣称美国要保障航行自由，我外交部发言人做出反应说，我们反对打着航行自由的旗号，做着推动南海军事化，甚至挑衅和威胁他国主权和安全利益的事情，希望美方的有关行为和意图更加光明磊落和坦荡透明。

从1991年中国和东盟第一次接触以来，中国同东盟的关系有了很大的发展，从战略协作伙伴升格为命运共同体。中国和东盟的关系经历了2003—2013年"黄金十年"的大发展，并在此基础上于2010年成为自由贸易区。这是发展中国家之间最大的一个自由贸易区。

2013年10月，印度总理辛格访华，中印两国总理在一年内实现互访，是60年来没有过的。针对双方在边界问题上的分歧，中印之间新签了一个边防合作协议，用法律的方式，把一些好的做法、经验固定下来，比较好地管控了双方有关边界问题的分歧。这对两国关系而言是个进步。

另外，中国还有一个不是邻居的邻居，那就是美国。

美在亚洲的存在由来已久，盟友众多，至今还保持有大量驻军。美在日、韩驻军将近8万，在阿富汗、伊拉克驻军最多时超过20万。2016年2月，TPP取得实质性突破，美国、日本、澳大利亚、文莱、加拿大、智利、马来西亚、墨西哥、新西兰、秘鲁、新加坡和越南等12国正式签署，12国加起来占全球经济比重达40%，超过欧盟。

这就是我们在亚洲所处的环境，既有机遇，更有挑战。如何在中美新型大国关系的框架下处理好中美在亚洲乃至亚太地区的利益交融和矛盾摩擦，是我们争取和平稳定的国际环境、睦邻友好的周边环境的关键。

亚洲必须抱团发展

2010年7月，我接任博鳌亚洲论坛秘书长。博鳌亚洲论坛是为政府、企业及专家学者等提供一个共商经济、社会、环境及其他相关问题的高层对话平台，总的看是一个经贸论坛。

围绕经贸问题，我们首先关注的是发展问题。亚洲作为世界人口最多、最密集的地区，在发展经济与保护环境方面，面临着比世界其他任何地区都严峻的挑战。亚洲的特点是多样化比较突出，国家很多，发展程度差距比较大，意识形态不一致。但亚洲的国家毕竟有共同的历史遭遇，现在都面临着共同的求发展的任务。

作为整体，亚洲求变、求发展的意向很强。亚洲国家之间的分歧主要是在双边问题上。亚洲国家相互之间没有解决不了的矛盾。如果互不信任，那谁都发展不起来，所以亚洲必须抱团发展。

亚洲国家需要中国的帮助，同时它们对中国也有不放心的地方，只要我们能通过自己的言行使中国的和平发展战略在亚洲深入人心，让它们真正相信中国对它们并没有什么非分之想，亚洲的团结、合作、发展就不会有问题。

目前，亚洲几大主要经济体均面临发展挑战：中国处在主动转型、调整经济模式的过程中，正在积极适应和引领新常态；印度虽然经济增速较快，但面临基础设施不足等增长瓶颈；日本经济依旧低迷，安倍经济学徒有虚名。

包括东盟国家在内的亚洲其他经济体对外依赖度较高，加之地缘政治因素带来的不确定性，未来一个时期亚洲经济保持增长仍然有不少不确定性。

我认为，要实现亚洲经济的可持续发展，本地区各经济体必须在以下三个方面深化合作。

第一，具有"世界工厂"之称的亚洲，作为世界上最大的能源消费地区，必须在清洁能源的开发利用方面，进行从科技研发到推广应用的全方位合作；清洁能源方面的合作，应该成为亚洲地区经济合作的重点。

第二，环境污染是不受国界限制的，因此亚洲各经济体政府在环境保护与污染治理方面，应该进行充分而深入的政策协调与措施协调，为此有必要通过各种交流合作平台，探讨和建立多形式、多层次的环保政策协调与合作机制。

第三，把亚洲地区的互联互通建设同可持续发展战略紧密结合，使互联互通更有效地提高能源、资源的利用率，更有效地缩小地区发展差距，更有效地实现本地区经济、社会与环境保护事业的协调均衡发展。

目前，包括中国在内的亚洲国家，经济普遍面临升级换代的压力。摆在面前的，是既要保持经济增长，又要进行结构改革的难题。为破解这一难题，各国都在增加定向投资，加快基础设施建设，纷纷推出大规模基础设施投资开发计划。就整体而言，基础设施仍然是亚洲一体化的瓶颈。

在这种背景下，中国以负责任大国的姿态提出多种合作共赢方案，从推动"一带一路"建设，到筹建亚洲基础设施投资银行，致力于为亚洲描绘更加美好的未来。

习主席讲，大河有水小河满。中国不能孤立于其他国家来发展，中国的发展必须放在亚洲的发展中来实现。如果亚洲经济不能腾飞，中国就不可能发展。只有周边国家都发展了，中国的发展才可持续。

由中国倡议建立的亚洲基础设施投资银行，作为一个区域性的国际金融平台，既弥补了亚洲发展中国家在基础设施投资方面存在的缺口，又有助于减少亚洲区域内资金外流。

"一带一路"及亚投行的战略意义就在于，瞄准亚洲国家和地区加强经济往来的硬件障碍，以金融合作为杠杆，大力改善基础设施建设，构建区域开放合作新模式，为亚洲打造新未来提供了现实可行路径。

连通亚洲，中国下的什么棋

2014年秋，习近平主席在访问中亚四国与东南亚国家期间，先后提出共建"丝绸之路经济带"和"21世纪海上丝绸之路"两大倡议，随后被合称为"一带一路"构想。作为目前中国最高的国家级顶层战略，以及我国深化改革开放和推进周边外交的大手笔，

"一带一路"战略受到国际社会的广泛关注，引起巨大反响。

新丝绸之路

2000多年前，东起长安、西达罗马的"古丝绸之路"，曾是连接中国与亚欧各国的主要贸易通道。沿线国家不论大小，都因丝绸之路而受益匪浅，这条贸易通道也被誉为全球最重要的商贸大动脉。公元前200年，秦汉之际兴起的海上丝绸之路，则在历史延伸中不断拓展为交通贸易的黄金路线。这条海道起自我国东南沿海，穿过南海进入印度洋、波斯湾地区，远及东非、欧洲，构成四通八达的网络，成为沟通全球文明的重要海上走廊。

丝绸之路经济带以中亚为腹地，东边牵着活力四射的亚太经济圈，西边系着发达的欧洲经济圈，市场规模和发展潜力独一无二，被认为是世界上最长、最具发展潜力的经济大走廊。然而这条大走廊却在我国西部和中亚地区之间形成了一个"经济凹陷带"，这里虽然有着丰富的自然资源、矿产资源、能源资源、土地资源和旅游资源，并被统称为21世纪战略能源资源基地，却因该地区交通不便，致使经济发展水平与两端经济圈存在着巨大落差。

近年来，我国不断加强对外开放大通道建设，规划和建设贯穿东西的泛亚铁路和泛亚公路等物流主干线，积极争取开工建设中吉乌、中巴、中塔铁路和喀什国际航空港等重大基础设施，加快建成面向中亚、南亚、西亚乃至欧洲的国际大通道和新丝绸之路上的黄金走廊。

"一带一路"的根本目标是实现欧亚大陆的持久和平与共同繁荣。随着"一带一路"倡议逐步地实施,东亚、南亚、中亚的合作进一步加强,必定会对美国、欧洲、非洲、拉丁美洲的经济增长均有很强劲的推动作用。

过去我们的改革开放叫作"东快西慢""海强陆弱","一带一路"提出之后,把内陆的西部省份推到了开放的前沿,这有利于我们改革开放全方位格局的形成。

"一带一路"讲"五通":政策沟通、贸易畅通、道路联通、货币流通、人心相通。这是我们和沿线国家把资源优势的互补性,变成各自发展推动力的重要举措。"一带一路"沿线国家大概有44亿人口、21万亿美元的经济总量,有它们的资源优势、市场优势等。我们也有优势,今后5年,中国要进口10万亿美元的商品,对海外投资要达到5000亿美元,加上5亿人去海外旅游,这些比较优势结合起来,就可以变成发展的推动力。把这条经济带打通,对于进一步推进区域贸易投资一体化,对于把整个地区变成命运共同体,都是非常有帮助的。

建设"一带一路"不是中国一家的事情。中国提出来,是为了整个地区的利益,为了沿线沿路所有国家的共同发展,需要大家平等地共同参与进来。

新丝绸之路连接的亚欧国家都处于经济转型升级的关键阶段。沿线各国的历史文化宗教也各不相同,地缘政治复杂,发展水平各异。有的国家曾因油气管线走向而对"一带一路"有所保留,我们及时调整,赢得了它们的支持。这也说明,我们在推进"一带一路"战略时,必须充分考虑地区国家和经济体的利益和需要,推动所有经济体一起以合作共赢的精神来做,才能够做成功。

可持续发展

"一带一路"战略沿线国家多为发展中国家,这些国家的首要任务是发展经济,提高本地民众的生活水平。如何在沿线国家的发展过程中融入可持续发展的理念,在尊重沿线国家发展权的同时,不重蹈发达国家先污染后治理的工业化老路,也是"一带一路"战略需要研究的一个重要课题。

可持续发展问题之所以如此紧迫,是因为人类意识到,迄今为止的发展模式不可持续。发达经济体由于经济走在前面,比较早地认识到问题的严重性,采取了一些全球性、区域性和国别性的举措,在环境保护、节能与清洁能源、社会责任等方面做了一些尝试。

新兴经济体是经济发展的后来者,但从历史的角度看,其环保和可持续发展意识并不亚于甚至超出发达经济体。全球金融危机以来，受外围市场萎缩的影响，新兴市场国家经济下行压力加大，旧的增长模式受到质疑。特别是 2013 年以来，包括中国在内的新兴经济体均不同程度地出现了增长放缓、失速乃至衰退的局面。

这一方面说明了新兴经济体内生动力不足，过度依赖欧美等发达市场；另一方面，也说明新兴经济体原有的增长模式不可持续，以过度消费和透支资源、环境的方式粗放增长，在付出沉重环境代价的同时，其自身的边际效应也在迅速递减，无法支撑此前的高增长速度。

中国在工业化过程中有过教训，也积累了一些有益的经验。"一带一路"战略的原则是与沿线国家共商、共建、共享。在共商的过程中，沿线国家可以就可持续发展问题分享经验和教训；在共建的过程中，在尊重沿线国家发展权的同时，落实可持续发展理念；在共享的过程中，不忘记发展中国家在可持续发展问题上"共同而有区别的责任"。

需要强调的是，可持续发展是一个全方位的概念，既有环境保护、清洁能源、社会责任，还有对贫困国家和地区的援助之责，不可厚此薄彼。就发展中国家而言，不能以任何借口剥夺它们的发展权。

可持续发展是人类进入 21 世纪后面临的最大课题之一，任重道远又迫在眉睫，需要政府、企业和智库共同努力，凝聚共识，形成合力。用时下谈论较多的一个词来说，这也是一种PPP（public-private partnership）。PPP是一种伙伴关系，也就是说，政府、企业、智库要紧密合作、高度互动，才能各扬其长又避其短。

可持续发展需要合力。实现可持续发展理念和实践的无缝对接，政府在可持续发展问题上采取行动的政治意愿十分重要，创造必要的政策氛围，发挥引领作用。企业是可持续发展的实践者，在很多时候是试水者和先行者，其在实践中获得的经验，可以为政府决策提供范例参考，并通过政府的政策推而广之。

反对亚投行，美国在捣什么乱

2013年10月，习近平主席在访问东南亚时，首次提出筹建亚投行的倡议。2014年1月，中国与多个亚洲国家举行了多边磋商，就筹建亚投行的框架方案交换了意见。当年10月，博鳌亚洲论坛在北京研讨了亚投行问题。实际上，提出亚洲需要一个基础设施投资银行的人，就是原副总理、博鳌亚洲论坛理事会副理事长曾培炎。

历经800余天筹备，由中国倡议成立、57国共同筹建的亚洲基础设施投资银行（简称亚投行，英文缩写为AIIB）于2015年12月25日正式成立。这是全球首个由中国倡议设立的多边金融机构，是国际经济治理体系改革进程中具有里程碑意义的重大事件。

亚投行的创始成员国遍及五大洲。区域内国家有37个，区域外国家有20个，涵盖了除美国、日本和加拿大之外的主要西方国家，以及亚欧区域的大部分国家。

据亚洲开发银行的统计数据，亚洲每年基础设施建设资金需求达7300亿美元，世行的测算是8000亿美元左右。亚投行的成立，不仅可以弥补亚洲基础设施建设的融资缺口，还将提高亚洲资本的利用效率及对区域发展的贡献水平。将进一步推动国际货币基金组织和世界银行的改革，与区域外现有多边开发银行合作，是对原有融资渠道的有效补充，将利用亚洲乃至全球其他经济体的流动性推动亚洲经济升级。

亚投行的倡议提出来后，沿路沿线有关国家积极呼应，给予积极评价的是大多数，但外界也有一些质疑的声音。

亚行行长中尾武彦曾直言不讳地表示，不欢迎成立目的相同、由中国牵头的另一家区域性银行。他的此番言论不是从亚洲的发展需要看问题，而是担心亚行的地位会被削弱。实际上，世行、亚行每年在亚洲基础设施项目上的投入只有300亿美元左右，亚洲基础设施建设面临巨大的资金缺口。2015年，亚行各项业务，包括获批贷款和赠款、技术援助及联合融资为271.5亿美元，这跟亚洲的发展中国家对基础设施建设资金的需求相比，差距太大了。

再来看美国人的态度。

英国加入亚投行后，引发了美英之间在媒体上的一场公开对骂。美国指责英国"背叛""绥靖"。英国毫不示弱，反唇相讥，指出这根本不是什么"背叛"；强调亚投行会促进亚洲的经济增长，亚洲的经济增长全世界都需要，对经济增长"绥靖"有什么不好？英美之间有着特殊关系，英国是美国最亲密的盟友，双方之间爆发如此尖锐的对骂实属罕见。

20世纪60年代初日本提出要建立亚洲开发银行时，美国的第一反应也是强烈反对。

对美国的一大打击是英、德、法、意等欧洲大国在没跟美商量的情况下于2015年3月先后宣布申请加入亚投行。迫于内外压力，美对亚投行的态度有所转变。2016年3月，美财长雅各布·卢结束对华访问后发表谈话称，美随时准备欢迎亚投行的建立。

2014年8月，当时中国还没有提出建立亚投行的倡议，奥巴马对《纽约时报》专栏作家弗里德曼抱怨中国搭便车，而且搭了30多年，意思是中国没有承担应承担的责任；中国倡议建立亚投行后，美高官又表示担心亚投行将削弱世行、亚行等现有机构，而且会成为代表中国战略利益的工具。

美国把国际金融视为自己垄断的势力范围，不允许别人插足，由此可见一斑。

美国的金融霸权，在国际货币基金组织的成立及发展上，体现得尤为明显。

第二次世界大战后，广大发展中国家都是一穷二白，欧洲则被战火毁坏成一片废墟，而美国则发展到了顶峰，美元在世界上的霸权地位不可动摇。1945年12月，国际货币基金组织成立，其职责是监察货币汇率和各国贸易情况，提供技术和资金协助。

问题是援助谁。美国在国际货币基金组织里拥有的投票权最多，为全部投票权的17%。根据国际货币基金组织的规定，重大事件需由85%以上的投票权来决定，美实际成为唯一拥有否决权的国家。国际货币基金组织在很长一段时间里被美国控制，成为美财政部的橡皮图章。

另一方面，国际货币基金组织的立场也在变，布雷顿森林体系解体后，国际货币基金组织由资本管制的维护者转变为资本账户自由化的推动者。国际货币基金组织成立了临时委员会探讨将"资本账户自由化"写进新章程。2008年，亚洲金融危机突如其来，很多发展中国家过早地开放了资本市场，又缺乏监管能力和手段，被"剪羊毛"。

中国作为一个发展中国家，联合一些志同道合的国家建立亚投行，为域内外国家基础设施建设提供资金支持有什么不好呢？中国领导人多次强调，我们倡议建立亚洲基础设施投资银行，是对现有国际金融体系的补充,而不是进行颠覆。

世界在变化,经济全球化、世界多极化不可抗拒,美国人应该顺应这个变化。如果他们还是用过去的眼光来看世界,认为美国的霸权地位、支配地位应该继续下去,容不下其他人参与全球治理或不愿更多地与他人分享,他们还会继续碰壁。

第四章 全球经济治理之中国角色

美国爆发 1929 年以来最严重的金融危机，是伴随我大使任期后三年的一个重大事件。这一危机始于 2007 年，直至我 2010 年 3 月离任时仍在继续。这一事件震撼了整个世界，影响了人们的金融理念，改变着世界经济的格局。

直到现在，全球经济治理依然面临调整与变革。一方面中国要发挥更大的作用，拥有更大的话语权；另一方面，中国又面临着新兴大国的责任难题。如何平衡这两者之间的关系？

跟踪调研美国金融危机

我的五年大学生活是在北京对外贸易学院度过的。在那里，我学习了对外贸易和国际金融知识。

我到外交部工作后，有幸于1973年被派往英国巴斯大学和伦敦经济学院留学。其间，我重点研读了经济和金融课程，并有机会到英国各地参观访问，对伦敦这个与纽约并列的世界金融中心有了一些感性认识，了解到资本主义制度下金融对经济的强大控制力。学成回国后长期从事外交工作，改革开放以来，经济外交分量加重，我对西方经济金融的了解，在我后来的工作中给了我很多帮助。

我几任驻美恰逢世界政治和中美关系越来越受到国际经济与金融的影响，外交部和驻美使领馆日渐重视研究国际金融动向。

我常驻美国十多年，有机会结识华尔街的一些头面人物，我到任拜会的名单包括了美国高盛、摩根士丹利、大都会人寿、摩根大通、纽约人寿、AIG（美国国际集团）等银行和保险公司的董事长或总裁。我拜会他们主要是了解他们对美国内政治、经济形势的看法，华尔街行情的波动常常会转变成华盛顿政治风云的起伏，同时相机了解他们对我国内金融改革的看法和建议。

风乍起

2008年是我任驻美大使的第三年，美次贷危机最终引发了世界范围的金融危机。这一危机导致全球经济下滑，其影响之广、程度之深、冲击之强、发展之快、持续时间之长均为 1929 年经济大萧条以来 80 年所罕见。

序幕是从 2007 年的次贷危机拉开的,可以分为四个阶段:次贷危机形成和发展阶段(2007 年上半年至 2008 年上半年),金融危机全面爆发阶段(2008 年 9 月至 2009 年年初),奥巴马政府执政后经济金融逐渐回稳阶段(2009 年年初至 2009 年中期),后危机阶段(自 2009 年下半年起)。

次贷危机源于美联储自 2004 年起连续 17 次加息,导致美国房地产市场自 2006 年下半年开始降温,房贷利率不断上升使越来越多的次级房贷(次贷指银行贷给信用和收入条件较差的客户的房贷)持有人不堪重负,无力还贷,违约的多米诺骨牌效应使美国经济链条的各个环节都出现巨大亏损,雷曼兄弟这样的金融巨鳄也未能幸免而轰然倒下。次贷危机由此产生,美联储被迫进入降息周期。

"次贷危机"这个新名词于 2007 年一出现,就很快在美国乃至整个世界传播开。它被定义为:因次级抵押贷款机构破产、投资基金被迫关闭、股市剧烈震荡引起的金融风暴。它使全球市场出现了流动性不足危机。

2007 年,华尔街的春天来得特别晚。2 月 13 日,美国抵押贷款风险开始浮出水面，汇丰控股为美国次级房贷业务增加18亿美元坏账拨备；美国最大次级房贷公司美国金融服务公司（Countrywide Financial Corp.）减少房贷，美国第二大次级抵押贷款机构新世纪金融公司发布亏损预警；3月13日，新世纪金融公司宣布濒临破产，美股大跌，道琼斯指数跌2%、标准普尔指数跌2.04%、纳斯达克指数跌2.15%；4月4日，裁减半数员工后，新世纪金融公司申请破产保护；4月24日，美国3月成屋销量下降8.4%，美国次贷危机拉开序幕。

经营次级房贷的房贷机构首先受到冲击，陷入困境。我和中国驻美使馆的同志们敏锐地注意到这个苗头，开始关注美国次贷危机，在第一时间向国内报回了次贷危机发展动向、有关情况及使馆的看法。2007年3月，我专门会见美国前财长斯诺，听取他的看法。斯诺表示，美国正经历非常困难的时期，经济正趋于衰退，目前的主要问题是信用紧缩，美联储应采取大胆措施缓解信用紧缩。我们陆续就新世纪金融公司破产、美国股市大幅下跌、美欧金融市场信用紧缩等问题向国内报回了有关情况和看法。

2007年8月，连华尔街纽约证券交易所门前的铜牛都感受到了交易所内外弥漫着的紧张难熬的气息。美国次贷危机影响扩大，开始向其他领域扩散，美国金融市场出现大幅动荡。8月6日，美国第十大抵押贷款机构全国住房抵押贷款投资公司申请破产，其股价暴跌。9日，法国巴黎银行宣布暂停旗下三只涉及美国房贷业务的基金交易。9日，美国金融市场动荡加剧，当日纽约道琼斯指数下跌387.18点，跌幅2.83%，为该指数当年的第二大单日跌幅。

我们密切关注事态的发展。2007年8月，华盛顿正值盛夏，几乎每天都传来坏消息，次贷危机朝着系统性金融危机逼近，引起各国警觉。8月1日，麦格理银行声明旗下两只高收益基金投资者面临25%的损失；3日，美国第五大投资银行贝尔斯登称，美国信贷市场呈现出20年来最差的状态，欧美股市全线暴跌；5日，贝尔斯登总裁沃伦·斯佩克特辞职；6日，房地产投资信托公司申请破产保护；9日，法国最大银行巴黎银行宣布卷入美国次级债，全球大部分股指下跌；10日，美国次级债危机蔓延，金属原油期货和现货黄金价格大幅跳水，欧洲央行出手干预；11日，世界各地央行48小时内注资3262亿美元救市，美联储一天三次向银行注资380亿美元以稳定股市；14日，沃尔玛和家得宝等数十家公司宣布因次级债危机而蒙受巨大损失，美股很快应声大跌至数月来的低点；紧接着美国、欧洲和日本三大央行再度注入超过720亿美元救市；亚太其他国家央行再次向银行系统注资，各经济体推迟加息；16日，全美最大商业抵押贷款公司股价暴跌，面临破产；美国次级债危机恶化，亚太股市遭遇"9·11"事件以来最严重下跌；17日，美联储降低窗口贴现利率50个基点至5.75%；

20 日，日本央行向银行系统注资 1 万亿日元，欧洲央行拟加大救市力度；21 日，日本央行再向银行系统注资 8000 亿日元，澳联储向金融系统注入 35.7 亿澳元；22 日，美联储再向金融系统注资 37.5 亿美元，欧洲央行追加 400 亿欧元再融资操作；23 日，英国央行向商业银行贷出 3.14 亿英镑应对危机，美联储再向金融系统注资 70 亿美元；28 日，美联储再向金融系统注资 95 亿美元；29 日，美联储再向金融系统注资 52.5 亿美元；30 日，美联储再向金融系统注资 100 亿美元；31 日，伯南克表示美联储将努力避免信贷危机损害经济发展，小布什承诺政府将采取一揽子计划挽救次贷危机。

8 月上旬，驻美使馆向国内报回了我们对美国次贷危机影响扩大的看法。我们着重指出，美国次贷危机的影响正加快向美国整个金融体系扩散，美国金融市场正进入大幅动荡期，美国经济前景堪忧，建议国内密切关注，妥善应对。我们的报告受到国内的重视，有关领导要求中国人民银行、银监会等相关部门进行研究。人民银行等部门后来告诉我们，驻美使馆向国内提出的上述看法，距离 2008 年 9 月美国金融危机全面爆发提前了一年多的时间，是对此次金融危机的最早预警。

全面爆发

2008年8月24日,北京正在举行盛大的奥运会闭幕式。下一届奥运举办城市伦敦的惊艳"8分钟"表演耗资360万美元。但鲜为人知的是,伦敦市长约翰逊是坐着经济舱飞抵北京的。

伦敦奥运会建奥运村的10亿英镑预算大部分来自赞助商,但次贷危机让不少私人银行赞助商和投资人的资产大幅缩水,因此包括奥运会建筑商联胜集团在内的不少赞助商都不再继续赞助奥运。英国奥运交付局主席阿米特表示:"现在情况与申办时不同了,过去两周有很多事情越来越糟。"过去两周,是什么事越变越糟?当然还是美国次贷危机,它从华尔街穿越大西洋蔓延到伦敦,演绎着国际版的"城门失火,殃及池鱼"。

接下来,"正剧"层层展开。

2008年9月7日,因"两房"("房利美"和"房地美")在次贷危机中遭受严重损失,美国政府被迫宣布接管"两房",并向"两房"大举注资2000亿美元,以避免更大范围金融危机的发生。今天想来,2008年9月7日及随后整个9月,简直就是一组组惊心动魄的美国灾难片镜头。

9月7日,美国政府接管"两房","两房"在美国次贷危机中蒙受巨大损失,一年内亏损149亿美元。10日,美国第四大投资银行雷曼兄弟宣布第三季度亏损39亿美元,股价大幅下挫,雷曼兄弟准备出售资产并与诸多买家进行收购谈判。14日，美国最大的保险公司AIG向美联储申请400亿美元紧急贷款。15日，美国银行放弃收购雷曼兄弟，转而以500亿美元收购美林证券；雷曼兄弟宣布破产，债务高达6130亿美元。16日，美国最大的投资银行高盛宣布第三季度净利润下降70%，摩根士丹利净利润下降3%。16日、17日，受雷曼兄弟破产消息影响，全球股市大幅下跌，欧、美、日等国央行紧急注资3000亿美元救市。17日，美国政府提供850亿美元贷款接管AIG；同日，俄罗斯股市一度暂停交易，英国最大的房贷银行HBOS（哈里法克斯）遭挤兑。18日，美国华盛顿互惠银行寻找买家；同日，摩根士丹利同花旗在内的多家银行商讨出售事宜；英国HBOS银行被劳埃德TSB银行收购。19日起，中国中央汇金公司在二级市场自主购入工商银行、中国银行、建设银行三行股票；国资委鼓励国企大股东回购公司股票；为缓解全球金融市场流动性，尤其是美元融资市场存在的压力，全球六大央行发表联合声明，通过与美联储签署掉期协议，联合向短期信贷市场注资2470亿美元。20日，布什政府要求国会通过一笔7000亿美元的救援计划，该救援计划是自大萧条以来最庞大的金融救援计划中的一个组成部分，这笔7000亿美元的救援款将用于购入不良抵押贷款。21日，美联储批准美国金融危机发生后至今幸存的最后两大投资银行高盛和摩根士丹利提出的转为银行控股公司的请求。22

日，继美国政府出台 7000 亿美元救市计划后，英国政府动用 2000 亿英镑挽救濒临危机的银行业渡过难关。26 日，全美最大的储蓄及贷款银行华盛顿互惠公司被美国联邦存款保险公司（FDIC）查封、接管，成为美国有史以来倒闭的最大规模银行。28 日，美国国会领导人和布什政府达成协议，同意通过一个暂时的金融救市计划，涉及金额达到 7000 亿美元。28 日，众议院对此法案进行表决，30 日送交参议院表决。同时，美国国债最高法定限额从 10.6 万亿美元提高到 11.3 万亿美元。29 日，美国国会众议院否决 7000 亿美元救市方案，震惊华尔街和全球市场，美国股市重挫。财长保尔森表示将利用一切可利用的手段保护金融市场。

令我印象最深的是 9 月 15 日，美国金融市场再次剧烈动荡，成为次贷危机爆发 14 个月后最黑暗的一天。当日，道琼斯指数下跌 455 点，跌幅达 3.98%。这主要受三方面因素影响：

一是 9 月 14 日拥有 158 年历史的美国第四大投资银行雷曼兄弟公司宣布倒闭，成为次贷危机爆发以来美国倒闭的最大投行。

二是 9 月 15 日拥有 95 年历史的美国第三大投资银行美林公司以 500 亿美元被美国银行收购。

三是 9 月 16 日美国最大保险公司 AIG 公司在次贷危机中遭受严重亏损，美联储被迫向其提供 850 亿美元的紧急援助，并换取 AIG 79.9% 的股权。

接下来，美国参议院通过修改后的 7000 亿美元救市计划。保尔森成立金融稳定办公室，招募多达 10 家资产管理公司加盟金融救援团队。在欧洲大型金融机构告急及美国 7000 亿美元救市计划短期内难以实施的双重压力下，全球股市遭遇恐慌性抛售，各地区主要股市无一幸免，单日蒸发市值总计 25000 亿美元。全球多家央行终于祭出了本轮危机爆发以来甚至是史无前例的救市措施。中国央行下调存款准备金率 0.5 个百分点，降息 0.27 个百分点。几乎同时，美联储、欧洲央行以及英国、加拿大、瑞典和瑞士等央行发布联合声明宣布，紧急削减基准利率 50 个基点。

2008 年 12 月，世行发表《全球经济展望》报告，再次下调对全球经济预期，预测 2009 年全球经济增速将从 2008 年的 2.5% 放缓至 0.9%。据后来统计，2009 年全球经济实际只增长了 0.8%。

2009 年年初，奥巴马政府就职后加大力度应对金融危机，采取了"购买美国货"、《美国制造业促进法案》和税收优惠政策等多项措施。2009 年年中，美国经济金融形势逐渐回稳。

2009 年 8 月，驻美使馆向国内提出：世界经济复苏态势基本确立，短期内世界经济复苏势头明显，但中期世界经济将趋于低速增长，"低增长、高失业"将成为后危机时代世界经济的新常态。

危机的警示

2010 年 3 月，我结束 5 年任期回国，美国金融危机的后危机时期还未结束，世人开始认真反思这场全球金融危机的深层次原因。综合看，这场危机给了包括中国在内的各国金管部门以下启示。

启示之一，市场机制和政府干预相辅相成。

第二次世界大战结束后，所有的资本主义国家都加强了政府对经济社会发展的宏观干预。但是，从 20 世纪 80 年代以来，美国政府的经济政策着重强调自由放任和更少干预。进入 21 世纪后，金融衍生产品层出不穷，规模急剧扩大，而美国对其监管不严，多有缺陷，以致爆发严重的金融危机。

启示之二，虚拟经济与实体经济要协调发展。

早在 2003 年，美国投资大师巴菲特就警告说，金融衍生产品是"大规模杀伤性武器"，是"参与其中的当事人和经济体系的定时炸弹"。美国政府对此警告置若罔闻。据国际清算银行统计，截至 2007 年第三季度，全球金融衍生产品市值已高达 681 万亿美元，其中半数在美国，另半数主要在欧洲，这就是欧美成为金融危机重灾区的根源所在。

启示之三，财富增加和社会分配要公正公平。

美联储前主席伯南克指出，放贷方的不公与欺诈行为误导借款人,是导致发生次贷危机的主要原因。从次贷危机演变为严重的金融危机,暴露了一些大公司、大财团不择手段牟取暴利,导致收入差距不断扩大。

转"危"为"机"

美国金融危机对中国的影响主要是:外部需求下降、经济增速放缓、出口贸易不畅、失业增加和通货膨胀预期逐步形成。在上述负面因素叠加作用下,中国的出口大幅下降,中国货物贸易进出口总值从2008年的179921万亿元人民币降至2009年的150648万亿元人民币。中国政府调整宏观经济政策,推出4万亿元人民币投资等一系列扩大内需的政策措施。在国际金融危机背景下,中国2009年年初提出"保八"目标,全年经济运行超出预期,2009年GDP增速达8.7%。

常言道,前车之覆,后车之鉴。始于2007年的这场金融危机已成为历史,但它留下的影响不容忽视。

金融危机加剧了全球金融动荡,导致美元资产缩水,使我国对外金融资产尤其是外汇储备资产面临较大的重估风险。

金融危机引起市场投资风险重估,全球信贷紧缩和信心危机蔓延,波及我国金融市场。

金融危机加剧全球贸易和投资保护主义,贸易战、货币战一触即发，影响着我国经济发展所需的外部和平环境。

但另一方面，金融危机也推动了中国经济结构的调整和增长方式的转变，进一步发挥了中国经济对周边乃至世界经济的拉动和稳定作用。

金融危机推动了中国经贸关系多元化和人民币汇率形成市场化，减轻了中国对单一经济和单一货币的过度依赖。

金融危机为中国金融机构"走出去"创造了市场机会，推进了中国金融业发展的国际化。

金融危机进一步暴露了自由市场经济的内在缺陷，凸现了经济发展模式多元化选择的合理性。

从美国金融危机中，中国获得了诸多启示，比如：对金融产品创新和监管的再思考，鼓励金融创新并非多多益善；巨大外汇储备的对外投资的模式应该重新思考；政府如何防止政府信用被滥用；对房地产市场作为支柱行业的发展模式的重新定位等。

欧美债务危机背后的金融博弈

2007年至2008年的头10个月对美国经济是场噩梦，对欧洲来说更是场灾难，欧洲金融业前后遭受了两轮巨大冲击。

第一轮冲击发生在2007年7月至2008年4月期间。在美国新世纪金融公司提出破产申请后，2007年8月9日法国巴黎银行宣称卷入美国次级贷问题，不久德国IKB工业银行因在美国拥有两只此类基金而濒临破产边缘，接着法国兴业银行以及瑞联银行先后宣布卷入美国次级贷而蒙受巨额损失。2007年9月，英国北岩银行遭到储户挤兑，标志着欧洲的信贷紧缩已经升级为信用危机。2008年1月21日，全球股市发生罕见股灾，欧洲三大股指跌幅均超过5%，加剧了欧洲民众和投资者对金融危机的恐慌心理。

第二轮冲击发生在2008年9月之后。2008年9月中旬，美国雷曼兄弟公司申请破产标志着美国金融危机全面爆发，旋即欧洲银行业、保险业接连报损，信贷紧缩，市场信心骤降。特别是比利时、荷兰合资的富通集团濒临破产，终被拆分，标志着欧洲银行业危机全面升级。全球信贷损失欧洲占比1/3，其中，英国、德国、瑞士、法国、荷兰的银行业在次贷危机中受损最为严重。

在此背景下，2009年以来，欧洲部分国家先后爆发主权债务危机，一定程度上影响了世界经济的脆弱复苏。

欧洲为何频发债务危机

欧债危机是内因累积、外因诱发的结果，美国次贷危机是导火索。

首先，欧元区经济增长缓慢。从1996年至2010年的15年中，欧元区的经济增速有 11 年低于美国，而失业率则长期保持在 7% 以上，高于美国。

其次，经济发展失衡一直困扰着欧元区经济。

再次，欧元区日益老龄化，高福利制度的负面影响逐渐显现，欧元区的边缘成员国尤为严重。

最后，尽管欧盟《稳定与增长公约》要求成员国财政赤字水平不得超过 GDP 的 3%，债务水平不得超过 GDP 的 60%，但为了走出由美国次贷危机所带来的经济衰退，成员国只能借助扩张性财政政策刺激经济复苏，各国早已突破了《稳定与增长公约》的规定。

2009 年 12 月，全球三大评级公司下调希腊主权信用评级。希腊财政部称，2010 年 5 月 19 日前需 95 亿欧元以度过危机，但欧洲各国迟迟达不成一致。4 月 27 日，标普将希腊主权信用评级降至"垃圾级"，危机进一步深化。欧元大幅下跌，加上欧洲股市暴跌，欧元区面对成立 11 年以来最严峻的考验。5 月 10 日，欧盟成员财长达成总额高达 7500 亿欧元的稳定机制，其中欧元区成员国出资 4400 亿欧元，欧盟委员会出资 600 亿欧元，国际货币基金组织出资 2500 亿欧元。

长远看，欧洲经济的问题一是高福利，二是没有统一的财政政策。这些制度缺陷只能靠改革劳动力市场和推进财政一体化来解决。这涉及欧元区所有成员国的政治和经济利益，任何改革都注定将是缓慢、复杂与坎坷的，近年来欧元区经济始终疲软不振就是证明。

美国为何唱衰欧洲

相对于欧洲，美国在"9·11"之后，庞大的反恐开支、宏大的减税计划、长期的低利率政策造成信贷过于宽松、消费寅吃卯粮和房地产泡沫膨胀。其后果是美国政府和个人债务不断攀升，加上美国经济空心化造成实体和虚拟经济失衡，最终引发了严重的债务危机。

克林顿主政白宫8年，美国的国际地位如日中天，美国学界甚至有人把克林顿治下的美国称为"包括罗马帝国在内的人类历史上不曾有过的世界帝国"。2001年，克林顿政府给美国财政积累了2800多亿美元的预算盈余。

2001年，小布什接替克林顿入主白宫。在此后的8年里，两场代价高昂的战争、面向富人的减税以及经济衰退，很快便把此前的盈余消耗殆尽。及至2005年1月小布什连任时，美国已欠下7.6万亿美元国债，奥巴马上任时，这一数字已上升至10.6万亿美元。

自2008年下半年起，美国经济连续四个季度负增长，2009年第二季度美国经济降幅有所收窄，第三季度方出现首次增长。2008

年 11 月，美联储宣布购买 1000 亿美元支持企业债券和 5000 亿美元抵押支持债券（MBS）。美国在近 5 年时间里先后推行四轮量化宽松政策。其后果是美联储资产负债表急剧膨胀，财政赤字和债务规模飙升，加速了美国主权债务危机的爆发。2011 年 5 月 16 日，美国债终于触及国会允许的 14.29 万亿美元上限。

美国国债总额突破上限后，两党出于党派利益考虑，有意拖延提高债限谈判，谈判多次陷入僵局，进展缓慢，直到最后一刻 7 月 31 日晚才达成协议，同意将美国债务上限提高 9000 亿美元，避免了美国国债还款付息发生违约。

2002 年欧元正式开始流通，之前，美国唱衰欧元的言论不绝于耳。里根政府经济顾问委员会主席菲尔德斯坦早在 1997 年就曾断言，欧元国家对通胀、失业的不同态度和对合理经济政策理解的差异，长远来看可能导致各国间历史宿怨被唤醒，最为严重的设计缺陷是欧洲货币联盟没有可调控的退出机制。

美国唱衰欧元首先是因为美国需要吸引国际资本流入美国。金融危机爆发之后，美国债台高筑，更加需要吸收大量外资。因此，美国试图以唱衰欧元，令国际投资机构丧失对欧元的信心，吸引大量资本流向美国。

深层次的原因，则是第二次世界大战以来，美国掌握了世界金融体制的主导权。美元在世界上的地位不可动摇。2007 年美国次贷危机引发的金融海啸给欧洲提供了挑战美国的机会。欧洲针对现行金融体系在监管等方面存在的弊端，提出了彻底改革的主张。加上欧元已成为仅次于美元的第二大储备货币，占全球货币储备总量的份额不断增加，对美元构成了严重挑战。

欧债危机导致欧元地位不稳，也许正是美国希望看到的。早在2014年，美国花旗银行就曾表示，无论从宏观投资组合还是从技术投资组合，都看空欧元。同年12月，道琼斯旗下新闻网站市场观察（Market Watch）专栏作家莱恩称，近期欧元区各国纷纷召回在海外的黄金储备，其背后是各国对欧元信心日益丧失。对此，德国总理默克尔的回答是，如果欧元崩溃，不仅是这种货币的失败，一起崩溃的还将包括欧洲和欧盟的理想。善哉，默克尔此言。

两次亲历 G20 峰会

2008年全球金融危机爆发之后，世界力量对比发生了很大的变化。

在不少海外舆论看来，以中国为代表的新兴市场的崛起，成为近年来影响和改变世界秩序的重要变量。而G20作为信息共享和交流的机制和平台，也让全球经济治理找到了新方向。

G20，又称二十国集团，是亚洲金融风暴之后诞生的一个国际经济合作论坛，如今已形成以峰会为引领、协调人和财金渠道"双轨机制"为支撑、部长级会议和工作组为辅助的架构，同时成为国际经济治理的重要协商平台。2016 年的 G20 峰会于 9 月 4 日至 5 日在中国杭州举办。与会领导人讨论了如何构建一个创新、活力、联动、包容的世界经济。峰会为世界经济指明了方向，规划了路径。

G20 的构成，兼顾了发达国家和发展中国家以及不同地域的平衡，人口占全球的 2/3，国内生产总值占全球的 90%。G20 意味着国际经济秩序更加多元化，而其中最大的亮点是中国的崛起。

从 G8 到 G20

我记得很清楚，2008 年 10 月 11 日（周六）上午，我在赴马里兰州黑山公园参加驻美使馆首届金秋运动会的路上，突然接到美国财政部执行秘书长泰娅·史密斯打来的紧急电话。

她告诉我，鉴于当时世界金融形势十分严峻，危机还在恶化，布什总统提议在华盛顿召开世界金融峰会，共同研究如何应对当前的危机，峰会最快将于下周举行。美方认为，没有中国的参与，就无法解决当前的问题。美方希望胡锦涛主席能出席上述峰会，希望中方尽快答复。

我赶到黑山公园简短宣布驻美使馆金秋运动会开幕后，随即返回使馆召集会议研究美方建议。与会同志一致认为，2007 年以来美欧经济形势每况愈下，已到了十分危急的地步。美欧一方面需要联手"救火"，另一方面双方的分歧也开始显现。欧洲国家普遍对美国多有抱怨，要求美国承担责任。欧洲国家认为美国对金融衍生产品创新自由放任，监管严重缺失，导致欧美金融市场几乎同时陷入危机，严重损害欧洲经济，欧洲小国如冰岛、匈牙利已处于政府破产的边缘。在此情况下，布什政府提出召开金融峰会，并恳请中国与会，既是为了"救火"，也有应付来自欧洲压力的考虑。

我最后总结说，事关发达国家与发展中国家联手应对金融危机，中国宜本着"以我为主、巧为运筹、适度参与、维护利益"的原则参与其中，拟建议国内同意公开此会，接受美方对胡主席的邀请，以展现中国负责任大国的风范，并借以促进中美关系转圜和发展。

国内很快回复赞成召开世界金融峰会。中美在此峰会的筹备过程中，始终保持了密切的沟通与磋商。中方对召开这一峰会迅速表示支持并承诺胡锦涛主席亲自率团参会，是G20华盛顿峰会能顺利召开的关键因素。

10月20日，我应邀与美总统国家安全事务助理哈德利通电话。对于峰会的范围，美方认为G8范围太窄，至少应是G14（G8加上中国、印度、巴西、墨西哥、南非和埃及）或者G20（G8、欧盟加上中国、阿根廷、澳大利亚、巴西、印度、印度尼西亚、墨西哥、沙特阿拉伯、南非、韩国和土耳其）。小布什总统希望在对外宣布前就此征求胡锦涛主席的意见。

我允将与哈德利所谈随即报告国内，同时介绍了中国在应对当前金融危机方面已采取的积极行动和建设性态度，强调为体现与会各方平等参与、共同协商，中方认为采用"国际金融峰会"的名称较为恰当。

10月22日上午8时许，美国白宫负责国际经济事务的总统国家安全事务副助理普赖斯打电话给我，对胡锦涛主席应约与小布什总统通电话表示感谢。

普赖斯向我通报说，美方已确定于2008年11月15日在华盛顿举行金融峰会，小布什总统拟于14日晚举行欢迎晚宴。峰会的范围是G20成员，全称是"金融市场和世界经济峰会"（Summit on Financial Markets and World Economy），还拟邀请联合国秘书长、世界银行、金融稳定论坛和国际货币基金组织负责人等与会。

事实证明，G20金融峰会对促进全球合作应对金融危机和推进全球经济治理改革发挥了重要作用。小布什政府此后多次感谢中方在各国中最先对出席金融峰会做出积极反应。

共识和分歧

经过一番周折，G20峰会终于开成了。仓促中，美方为峰会挑选了一个不常用的会址——位于华盛顿西北区5街和6街以及G街和F街之间的美国国家建筑博物馆。

美国国家建筑博物馆一开始并不是博物馆,始建于1882年,1887年建成,原是美国国会立法成立的养老金管理局所在地,负责给美国内战后老兵及阵亡将士的遗孀和孤儿发抚恤金、养老金的地方,之后国税局、总审计署均在此建筑里办公。1983年,这里改为建筑博物馆。建筑以文艺复兴时期的罗马宫殿为蓝本,外部没有立柱和回廊,中间是大厅,房间沿大厅四周布置,大厅内有两排共8根大柱,全部建筑均采用砖石结构。美方把大厅改造为G20峰会的主会场,同时在博物馆内外为工作人员和记者临时搭建了工作间。

出席G20华盛顿峰会的有:G8成员美、日、德、法、英、意、加、俄;欧盟轮值主席国和欧洲中央银行行长代表欧盟;新兴经济体中的中国、阿根廷、巴西、印度、印尼、墨西哥、沙特、南非、土耳其;在时任欧盟轮值主席国法国的争取下,西班牙和荷兰也参加了此次峰会;还有澳大利亚和韩国。此外,联合国、国际货币基金组织、世界银行、金融稳定论坛等机构负责人也到会。

G20华盛顿峰会开幕时美国大选结果已揭晓,当选总统奥巴马专门派前国务卿奥尔布赖特和共和党联邦众议员利奇代表他出席G20峰会。

11月15日,首次G20峰会在华盛顿举行。为期一天的峰会极其紧张。主要议题包括:讨论金融危机产生的原因;评估国际社会应对危机取得的进展；共商促进全球经济发展的举措；探讨加强金融监管，推进国际金融体系的改革等。

在上述问题上，经过会上会下、会内会外的沟通、对话、协调达成了不少共识，但也有难以弥合的分歧。

G20 华盛顿峰会达成的共识主要有：与会领导人就加强国际社会协作共同应对金融危机、合作反对贸易保护主义、支持经济增长等问题达成共识，并就应对当前世界面临的金融和经济问题的近期和长期措施达成一项行动计划，其中包括提高金融市场透明度和完善问责制、加强管理、促进金融市场完整性、强化国际合作以及改革国际金融机构等。

与会领导人还发表了支持全球经济稳定和积极应对金融危机的声明。声明承诺，加强合作，努力恢复全球增长，实现世界金融体系的必要改革，防止类似危机再次发生。声明强调，在金融不稳定时期更应反对保护主义，反对为投资或商品和服务贸易设置新壁垒，反对采取新的出口限制措施或采取不符合世界贸易组织规定的刺激出口措施。

G20 华盛顿峰会的分歧有两方面。

第一，导致金融危机的原因。欧洲国家强烈指责美国"制造"了金融危机。

在 G20 华盛顿峰会前，法国总统萨科齐声称要对这场危机的肇事者"追究责任，绳之以法"，并警告世界将不会继续用20世纪经济的工具来管理21世纪的经济。美方则极力淡化自身的责任。小布什总统强调，金融危机"并非一夜之间发生，也不会一夜之间解决"。

第二，在金融监管改革问题上，欧洲强调要"严厉监管"和加速改革。在G20华盛顿峰会举行前，英国首相布朗高调表示，将推动构建一个新的布雷顿森林体系，加强对各个经济体的监督，并在全球范围内建立经济预警和金融危机防范机制，以重构第二次世界大战以后的全球金融格局。法国总统萨科齐呼吁彻底改革现有国际金融秩序，推动"有序资本主义"体系的建立。美国则倾向"温和监管"和渐进改革。小布什总统表示，一次短短的华盛顿峰会不可能解决所有问题，相信一段时间后，就会形成一个更为详尽的金融监管改革计划。法国总统萨科齐呼吁，构筑一张能覆盖市场所有环节的监管网，美国却避而不谈对冲基金的监管等问题。欧洲主张给国际社会更多的权力，以限制和监督各国金融机构和金融当局，美国对此态度消极。

中国声音

G20华盛顿峰会的成功之处，在于关键时刻发出了全球合作的信号。胡锦涛主席在会上的几次讲话，突显了中国作为负责任大国的形象和地位。

针对金融危机原因之争,胡锦涛主席旗帜鲜明地表示,造成这场金融危机的原因是多方面的,既有经济体宏观经济政策不当的原因,也有金融监管缺失的原因。对此如果没有正确认识,就难以吸取教训,避免今后发生同样的危机。

国际社会的当务之急是继续采取一切必要措施,尽快恢复市场信心,遏制金融危机扩散和蔓延。主要发达经济体应该承担应尽的责任和义务,实施有利于本国及世界经济金融稳定和发展的宏观经济政策,积极稳定自身和国际金融市场,维护投资者的利益。

针对金融监管改革问题,胡锦涛主席着眼未来,高屋建瓴地指出,国际社会应该认真总结这场金融危机的教训,在所有利益攸关方充分协商的基础上,对国际金融体系进行必要的改革。国际金融体系改革,应该坚持建立公平、公正、包容、有序的国际金融新秩序的方向,努力营造有利于全球经济健康发展的制度环境。国际金融体系改革,应该坚持全面性、均衡性、渐进性、时效性的原则。

胡锦涛主席的上述主张,引导了国际金融体系改革的正确方向,并维护了广大发展中国家的利益,得到了与会领导人的赞赏和呼应。G20华盛顿峰会期间,国际舆论高度评价中国政府扩大内需、拉动经济发展的政策措施和应对国际金融危机做出的积极贡献。

回过头来看,2008年11月15日的华盛顿G20峰会开启了一个历史新阶段。两天后，德国"明星国际在线"在《G20峰会敲响了转折之钟》一文中，在"内部俱乐部G8峰会的终结"的小标题下写道：

> 昨天在华盛顿浮现出了新的同盟、新的权力安排。这个金融峰会意味着大工业国的内部俱乐部G8峰会的终结。从现在开始，门槛国家不会再被排除在外。这同时意味着：欧洲作为美国外交利益中心的结构将不会持续多久了。

11月16日中午，胡锦涛主席和夫人刘永清离开华盛顿前往哥斯达黎加访问。胡锦涛主席在华盛顿前后逗留不到48小时，这却是拨正世界经济金融船头的48小时。

奥巴马的心思

如果说G20华盛顿峰会是一次将全球经济从崩溃边缘挽救回来的峰会，G20匹兹堡峰会则是一次为未来繁荣奠定基础的峰会。这个基础就是G20的机制化，以及把新兴经济体国家包括在内的全球经济治理的扬帆起航。

2009年5月28日，美国白宫发言人吉布斯宣布，美国将在全球金融危机爆发一周年之际，于2009年9月24日至25日在宾夕法尼亚州匹兹堡主办第三届G20峰会。

上台以来力推革新政策的奥巴马政府，很需要通过主办一次 G20 峰会向世界展现其对内对外的新政。2008 年华盛顿 G20 峰会召开时，当选总统奥巴马只能派代表列席，奥巴马很需要主办一次能留下自己印记的 G20 峰会。

奥巴马选择匹兹堡有其良苦用心。他在前瞻 G20 匹兹堡峰会的声明中说，匹兹堡在创造新就业和新工业方面是向 21 世纪经济转型的良好范例。他也许还想提醒世界，那些出口大国的经济增长，是建立在美国传统产业就业流失的基础之上的。

选择匹兹堡作为会址，无形中为美方在第三届 G20 峰会上大打"经济再平衡"牌埋下了伏笔。奥巴马在声明中说，本次 G20 峰会的一个重要议题是为持续发展铺平道路，扭转过去的世界经济不平衡状况。

这已不是美国第一次提出"经济再平衡"问题了，早在 2008 年的 G20 华盛顿峰会前，美国就曾想把"全球失衡"写到宣言草案中，遭到包括中国在内的多国反对，最终不得不让步。

成果与遗憾

G20 匹兹堡峰会在确立 G20 的地位方面取得了历史性成果。峰会领导人声明表示，G20 将代替 G8，成为国际经济合作与协调的首要全球性论坛，而 G8 将在国际经济事务上退居次席，转为主要关注国际安全、外交政策等问题。此外，G20峰会也将机制化，自2011年起每年举行一次。

G20机制化，反映了当今世界现状，突显了中国、印度、巴西等新兴经济体的重要性。英国《金融时报》9月27日载文称，G20取代G8使经济合作机制跟上了全球经济格局的变化。

G20匹兹堡峰会的另一历史性贡献，是提升了中国等新兴经济体国家在全球经济事务中的话语权。峰会同意将发展中国家在国际货币基金组织的份额至少提高5%，将发展中国家和转型经济体在世界银行的投票权至少增加3%。

这一改革对提高发展中国家在国际金融机构中的地位和话语权有积极作用。国际货币基金组织总裁卡恩表示，这一历史性的决定和G20作为国际经济合作的关键论坛的兴起，将为新兴和发展中国家与发达经济体在全球经济政策上的更深入合作奠定基石。巴西总统卢拉把国际货币基金组织份额的变化称作"一个相当大的成功"。

峰会上各方还承诺，以合作和协调的方式退出各自的刺激经济政策；加强全球金融监管，采取一致行动，执行强有力的国际薪酬标准；共同反对贸易保护主义。

欧美主要围绕刺激经济政策的退出问题和金融监管改革问题意见发生分歧。

美方认为还不能退，欧洲国家则认为，应为退出做准备；美英主张金融改革应温和、渐进，德法等欧洲大陆国家则认为应大刀阔斧地推动金融监管改革。

美欧等发达国家与中国等新兴发展中国家的分歧，则主要集中在全球经济再平衡问题上。

发达国家认为，中国等新兴市场国家的"出口导向型"经济政策、汇率制度以及高额外汇储备等因素是导致全球经济失衡的主因。中国等新兴市场国家则认为，全球经济失衡问题既表现为部分国家储蓄消费失衡、贸易收支失衡，更表现为世界财富分配失衡、资源拥有和消耗失衡、国际货币体系失衡。导致失衡的原因是复杂的、多方面的，既有经济全球化深入发展、国际产业分工转移和国际资本流动等因素，也同现行国际经济体系、主要经济体宏观经济政策、各国消费文化和生活方式密切相关。从根本上看，失衡根源是南北发展严重不平衡。只有广大发展中国家有效实现发展，世界经济复苏步伐才会坚实，世界经济增长才能持久。

最后与会各方都做了一定的妥协，G20匹兹堡峰会发表的领导人声明不失为一个求同化异的声明。对于世界经济形势，声明说，经济复苏的进程尚未完成，许多国家的失业率仍然高企，私人消费仍未完全恢复。因此，各方承诺将继续刺激计划，以确保经济增长和就业增长。

对于经济刺激方案退出机制问题，声明强调，我们承诺继续强有力的政策反应，直到持久的复苏得以确定。我们将确保增长恢复时，就业机会也得到增加。我们将避免过早地取消刺激方案。同时，我们将准备退出战略。一旦时机合适，将以合作和协调的方式撤出我们额外的政策支持。

在金融监管方面，声明提出了对金融高管薪酬进行改革、把金融衍生产品纳入管理、实行跨国金融监管等建议。

对于全球经济再平衡，声明提到了解决世界经济失衡、实现长期可持续发展的问题。在此之前，G7曾尝试过机制性的办法，试图用强制性的办法来解决这个问题，但效果不理想。G20匹兹堡峰会没有提出强制性措施，作为折中，领导人声明试图通过加强宏观政策协调来减缓这个问题。

与前两届G20峰会相比，这次峰会增强了对贫困国家的关注度。2009年4月的G20伦敦峰会也曾经提及对贫困国家的帮助，但是篇幅和实质内容都不多。这次峰会有了明显改善，对贫困国家的实际情况做了详细阐述。

G20匹兹堡峰会取得了相当辉煌的成果，但在反对贸易保护主义、构建新的全球货币体系和全球经济再平衡问题上，峰会留下的遗憾远多于成果。

中国角色

G20 匹兹堡峰会后，舆论普遍认为中国正向"规则制定者"转变。舆论列举了以下根据：

峰会前，中国政府相继出台了十大产业振兴计划和 4 万亿元人民币的经济刺激计划，在世界主要经济体中率先实现经济复苏，对世界经济增长止跌企稳起到了重要的引领作用。

峰会前，中国提议 G20 设立主权财富基金。

峰会前，中国相继出台了一系列针对发展中国家的援助措施：未来 5 年内将援建发展中国家的农业技术示范中心数量翻一番；向联合国粮农组织捐款 3000 万元；免除最不发达国家部分无息贷款；给予有关最不发达国家 95% 的产品零关税待遇。

2009 年以来，中国先后同有关国家签署了总额达 1500 亿元的货币互换协议，在 5 个城市开展跨境贸易人民币结算点。

中国的行动快捷、到位。

峰会上，中国的声音同样发挥了引领方向的作用。

在继续加强宏观经济政策协调问题上，中方认为，各国应继续密切合作，促进经济复苏和金融体系稳定运行。提高国际金融监管标准的客观性、一致性和有效性，完善并推广有效存款保险体系核心原则和投资者保护机制。

在推进国际金融机构治理结构改革问题上，中国希望峰会能实质推动国际金融体系改革，增加新兴市场和发展中国家的发言权和代表权，中国希望G20采取行动将发展中国家在国际货币基金组织和世界银行中的投票权提高到50%。中方呼吁尽快落实G20伦敦峰会共识，明确下一次国际货币基金组织份额增资的目标、时间表和路线图。

在关注新兴国家发展问题上，中方全面阐述中国对当前国际形势和重大全球问题的看法，并就如何维护世界和平、促进共同发展、推动互利共赢、实现和谐共处提出了建议。

在反对贸易保护主义问题上，中国强调重申各国在两次峰会上达成的共识，即坚决反对贸易保护主义，克制、少用、不用贸易救济措施，中国不愿看到因发生双边贸易争端，特别是美国滥用特保，影响中美经贸关系健康发展。

中国的声音平和、理性和富有建设性。

中国该如何参与全球经济治理

G20匹兹堡峰会落下了帷幕。当我目送胡锦涛主席的专机远去时，内心深处一种成就感油然而生，我们见证了中国走向世界舞台中心的重要历史时刻。

欧美发达国家在金融债务问题上互相指责，它们的经济又陆续陷入低增长或负增长。现在，几乎所有重大国际和地区问题的解决都少不了中国的参与。历史充分证明，中国的发展离不开世界，世界的繁荣稳定更离不开中国。

中国的机遇

2008年的全球金融危机对中国经济虽有冲击，但给中国带来的更多的是机会。

其一，中国的外交领域拓宽了，国际话语权增强了。

2015年3月，王毅外长在一次记者会上说，中国外交已由"问题导向"转为"话语权导向"。中国外交不仅要回应，更要引导。"一带一路"、新型大国关系、新型国际关系、伙伴关系网络等中国话语、中国思维日益成为国际关系健康发展的正能量。中国外交的这一转向反映的是中国国力和中国国际地位的变化。对此，国际上普遍表示欢迎。2015年6月24日，美国《国际财经时报》发表文章说，调查显示，国际上对中国的看法日益正面，该调查是在40个国家进行的。

其二，全球金融危机倒逼中国加快经济结构调整。

这场金融危机实际上是以"破坏性的方式"强制全球对失衡的增长方式做出调整，必然大大削弱美国等发达国家以负债支撑的购买力，从而加重中国的产能过剩。外需递减，倒逼中国改变过于依赖出口的增长模式，转为扩大内需和发展国内消费市场；倒逼中国改变过去靠低成本竞争的模式，转为通过自主创新提升产业和企业的竞争力。

大调整倒逼大改革，全球金融危机成为中国新一轮改革的驱动力：一要调整经济结构，加快能源资源价格改革；二要促进内需，放宽基础产业和服务业的准入限制，鼓励竞争，破除或减少垄断；三要促进就业，大力发展服务业和中小企业；四要帮助企业，特别是民营企业解决其融资难问题，改革现有金融体系和现有金融监管模式。

其三，全球金融危机后的国际经济再平衡，实际上是国际利益格局的一次重大调整。

作为新兴大国，中国有着独特的后发优势。中国有稳健的财政、金融体系，又有巨额外汇储备；中国的工业化、城镇化道路还没有走完，劳动力成本优势仍然存在。在这次格局调整中，中国可以利用国际初级产品价格走低的机会，建立资源能源战略储备，扩大对海外资源的利用；可以利用世界范围的就业不景气，加快建立人才、技术的战略储备；可以利用境外资产价格大幅下跌，积极开展海外并购等。

如何理解"大国责任"

在过去几十年里,人类社会在促进生产力快速发展、创造出巨大财富的同时,也产生了贫富愈加悬殊、南北差距拉大、生态环境恶化等问题。国际社会应共同努力,促进全球经济均衡发展。

2013 年,习近平主席在 G20 峰会上就强调要把全球经济治理放在突出重要的位置上。近年来,在加强宏观经济政策国际协调、提高制度性话语权、推动多边贸易谈判进程和加快实施自由贸易区战略等方面,我们已经有了不少卓有成效的实践。

在此过程中,中国形成了自己的全球治理观:坚持平等民主、合作共赢,积极参与全球治理;以创新推进国际经济金融体系改革,完善全球治理机制;加强国际对话与沟通,坚持开放包容,绝不损人利己、以邻为壑;大力推动国际关系的民主化、法制化及合理化;坚持联合国宪章的宗旨和原则,维护国际公平,推动共同发展。

中国是勇挑重担的负责任大国。新中国成立以来,中国共向 166 个国家和国际组织提供了近 4000 亿元人民币援助,派遣 60 多万援助人员。中国将设立"南南合作援助基金",首期提供 20 亿美元,支持发展中国家落实 2015 年后发展议程。中国将继续增加对最不发达国家投资,力争 2030 年达到 120 亿美元。这是中国的承诺,也是中国的责任。

第五章 后危机时代的中美经贸关系

中美经贸关系是中美关系的重要组成部分。中美两国在资源禀赋、市场、资金、技术等方面各具优势，互补性很强。1979年中美建交，当年中美贸易额为24.5亿美元。中美建交后，双方经贸关系发展很快，2015年中美贸易额已达5583.9亿美元，双向投资存量达1500亿美元。中美经贸关系合作是主旋律，但汇率斗争、贸易逆差、投资环境等摩擦冲突也令人关注和担忧。

中美经贸合作潜力巨大。2015年9月21日，中国商务部长高虎城在美国的《今日美国》报发表署名文章，预测中美贸易未来10年将再翻一番。为实现这一宏伟目标，中美要处理好双方经贸关系既相互依存又充满利益冲突这对矛盾。

贸易大国的反思

我出任驻美国大使的前一年,即 2004 年,中国对外贸易额首次突破 1 万亿美元,2005 年中国进出口贸易跃上 14221.2 亿美元的新高峰,其中货物贸易出口总额 7620 亿美元。"中国制造"大跃进式地挺进海外市场,中国成为世界瞩目的贸易大国。

然而,2007 年美国接连发生两起中国产品质量事件,从反面为中国企业如何走向世界上了一课。

宠物饲料事件

2007 年 3 月,我出任驻美大使将近两年,美国国内突然传来用从中国进口的原料生产的宠物饲料引发宠物生病甚至死亡的消息。截至 4 月底,美国兽医机构提供的数据显示,数千只宠物生病,其中 15 只猫和 1 只狗死亡。美国食品药品监督管理局(FDA)迅速对此展开调查,将宠物发病、致残原因锁定为从中国进口的饲料原料,认为其中所含化学物质三聚氰胺是导致宠物肾衰竭死亡的原因。

宠物被西方人称为人类的朋友,甚至被视为家庭成员。美国对宠物饲料的管理甚严,宠物饲料的所有成分都要符合美国食品药品监督管理局、美国农业部(USDA)及美国饲料管理协会

（AAFCO）等所制定的严格的规范标准，所有的宠物饲料，从原料采购到生产成品全过程均在美国农业部的监督下进行。所生产的产品均需经过抽样检验，以保证产品中有效成分的含量符合标准，所有包装上的成分说明都必须真实。但管理再严，也难做到百分之百。宠物饲料事件刚见报，美国国会便开始追究美国食品药品监督管理局等美国监管机构的责任。

在此事件中，中国的两家企业——江苏徐州安营生物技术开发有限公司和山东滨州富田生物科技有限公司进入了美国食品药品监督管理局的"黑名单"。它们于2006年年末出口至美国的宠物饲料原料——小麦蛋白粉和大米蛋白粉中被查出含有三聚氰胺。其后果是中国产品的质量问题顿时成为美国宠物饲料事件的焦点。美国福克斯电视台一名主持人甚至号召美国人抵制中国消费品，称"中国把含有老鼠药成分的宠物饲料原料输入美国"。

4月13日，一篇名为《宠物饲料危机彰显中国食品安全悲哀》的文章出现在福克斯新闻网，文章将宠物的发病和死亡归因于中国出口到美国的被污染的饲料原料。4月23日，美联社称，用中国原料生产的饲料杀死了16只猫和狗，导致上千只宠物生病。"那些潜在的对人类有害的成分，将越来越难以被检出"。一时间，中国相关产品在多个国家遭禁。美国媒体开始质疑中国食品的安全性，个别媒体甚至以此为由怀疑整个"中国制造"。

"宠物饲料"事件引起中美两国政府和民众高度关注。我不断向国内有关部门报告情况，并建议采取补救措施。我主动拜会美方有关人士。我最先接触的是伊利诺伊州联邦参议员德宾和众院拨款委员会农业、农村发展和食品与药物管理小组委员会主席德劳罗。他们已在参众两院召开了听证会，公开要求美国政府彻查此事件。

4月26日，我赴美国国会山，就美国国内近期发生的宠物中毒和死亡事件会见德宾和德劳罗，主动通报中方对两家出口公司进行的调查进展情况及已采取的措施，就宠物饲料事件同他们交换意见。

我向两位议员表示，中方十分重视美国日前发生的宠物生病和死亡事件，双方有关部门已在联系调查中。根据中方初步调查结果，中方输美的植物蛋白粉在离境前并不是以饲料或食品加工原料报关，而是以 HS 编码 35040090（其他未列明蛋白质及其衍生物）报关。中国从未批准过用三聚氰胺生产农药或灭鼠药，更未批准在宠物饲料中添加三聚氰胺。如进口商选择采用含三聚氰胺的宠物饲料原料，这是不符合中国法律和美国、加拿大法律的，其责任应由进口商承担。

我还告诉两位议员，4月18日，中国国家质量监督检验检疫总局和农业部已组成联合调查组赴江苏省和山东省对安营生物技术开发有限公司和滨州富田生物科技有限公司进行调查。

我告诉他们，中方已于 4 月 20 日致函美国食品药品监督管理局，邀请他们尽快派员赴中国就双方调查进展情况、三聚氰胺检测技术等进行交流并确定双方下一步工作方向。

德宾是参院资深参议员，还是参院民主党领袖人物之一。德劳罗是众院一位相当强势的女议员，特别关注食品安全问题。他们感谢我的通报，希望中方提供有关进出口商报关的具体情况以及中方所做各项工作的书面材料。

5 月 2 日，我约见了美国食品药品监督管理局的局长埃申巴赫，同其就近期美国宠物饲料事件问题交换意见。埃申巴赫是我们使馆的老朋友，他一直很重视与中国的合作。埃申巴赫为人比较低调，宠物饲料事件使他成为新闻人物。连日来，他承受了不小的压力。埃申巴赫希望双方共同努力，妥善处理宠物饲料受污染事件。我表示同意。

5 月 9 日，我应约再次会见德宾参议员和德劳罗众议员，通报中国两个企业输出美国植物蛋白粉涉嫌三聚氰胺污染调查结果。美国食品药品监督管理局局长埃申巴赫和副局长卢姆金也在座。我强调，中国两家植物蛋白粉生产企业涉嫌违规添加三聚氰胺是一起严重违反中国饲料安全生产的个案，不能因此类推此事在中国是普遍现象。中国政府一贯十分重视食品安全，食品安全对美国人重要，对中国人同样重要。双方目前需要的是加强合作，而不是互相指责。中国政府已采取果断措施对违法企业进行了查处，中国公安机关已对涉案的两家企业的负责人进行了调查和监控，并将根据调查结果依法对违规企业和有关责任人进行严肃处理。中国国家质检总局将继续保持与美国食品药品监督管理局的密切合作，商讨两部门在已有的食品安全合作的基础上进一步在饲料安全领域建立合作机制，并争取近期签署合作协议。

在短短的一两个月里，平时很少受关注的宠物饲料在海外媒体的连续报道下，成为舆论的热点话题，牵动着中美关系的敏感神经。事件有可能引发"中国食品威胁论"。美国国会参院德宾参议员提出议案，要求修改《联邦食品、药品及化妆品法》，他还就产品安全问题致函小布什总统，夸大中国产品安全问题。这使我深感不安。

儿童玩具事件

正当我们全力处理宠物饲料事件时，另一个"中国制造"的质量事件悄然而至。

事件的起因是，2007 年 8 月 2 日，因芭比娃娃而闻名的全球最大的玩具公司——美国美泰公司（Mattel Inc.）旗下子公司 Fisher-Price 向美国消费者安全委员会提出召回 96.7 万件包括"芝麻街"、"探索者朵拉"、搔痒娃娃（Elmo）和大鸟（Big Bird）等知名卡通形象等共计 83 种塑胶玩具，原因是这些玩具的油漆含铅量超标。不久，美泰公司披露了制造商的名字——中国佛山利达玩具有限公司。

上述玩具的主要目标市场是学龄前儿童。科学实验证明，含铅颜料、油漆是儿童患铅中毒的重要原因之一。含铅油漆引起的玩具召回事件加剧了美国公众对中国玩具乃至"中国制造"的信任危机。美泰公司在 8 月内两次宣布在全球召回近 2020 万件中国生产的问题玩具。

这一事件使一向颇受欢迎的中国玩具背上了骂名。又一个中国产品质量事件被美国媒体热炒，与宠物饲料事件一前一后发生，在美国公众心目中，中国产品的质量问题似乎不再是偶发事件，而成了普遍性的问题。

在美国舆论的不断炒作下，中国玩具厂商及其上下游供应、检验链上的疏忽被一一曝光和放大。中方的反应是，广东佛山利达玩具有限公司被主管部门要求整改，国家质检总局继而宣布暂停其产品的出口。

不久，我震惊地读到一则消息：8 月 11 日下午 3 时许，中国广东佛山利达玩具有限公司副董事长、港商张树鸿在自己工厂的仓库内上吊自杀。事发前，佛山利达的产量居佛山玩具制造业第二。短短一周，这家拥有十多年良好生产记录的合资企业轰然垮塌。

然而，老板的自杀并未扭转危机。8月14日，美泰公司又公布了最新的召回事件，理由是这些玩具含有可能会被儿童误吞的磁铁，用了可能含铅的涂料。第二次召回涉及730万套玩具系列，共计约1820万件中国产玩具。

8月14日下午，我会见了美国消费品安全委员会（CPSC）代理主席南希·诺德，双方就中国玩具被召回和加强双方主管部门合作等议题交换了意见。我就美国消费品安全委员会当日上午在事先未向中方通报的情况下就举行新闻发布会宣布召回提出交涉，并提议有必要紧急成立一个由双方有关人员参加的工作小组，研究讨论解决目前双方对缺陷产品的处理办法，以便完善已有的合作机制和内容。诺德反应积极，赞成双方加强合作，共同应对这场危机。

为直接做美国公众工作，促使他们对"中国制造"恢复信心，同时也为了回答一些美国媒体的不实报道，8月15日，我布置使馆商务处主管外交官举行吹风会。《华盛顿邮报》《纽约时报》、美联社、《华尔街日报》等19家美国主流媒体和华文媒体的28名记者参加，向他们介绍情况并回答问题。事后主流媒体在头版及重要版面进行了较为客观的报道，对缓和形势和增信释疑起到了一定的作用。

不料10天后的8月25日（星期六），我突然接到国际特奥会主席施莱弗的电话，他紧急约见我。他告诉我，国际特奥会为智障儿童采购的一批中国制造玩具检出油漆铅含量可能超标。我听了大吃一惊。

国际特奥会由美国前总统肯尼迪的妹妹尤尼斯·肯尼迪·施莱弗女士创办，她曾任该组织的名誉主席，施莱弗女士创办此会起因于其姐患有智力障碍。现任主席蒂姆·施莱弗先生是她的儿子。美国有近 420 万智障儿童。施莱弗主席同我素有来往，他同我曾一起筹办上海特奥会和之后的爱达荷冬季特奥会。

这些玩具本应具有开发智力的功能，现却可能损害智障儿童的智力。如属实，玩具质量事件将掺进浓重的感情色彩，无疑会牵动美国公众最敏感的神经，引起更强的负面反应。

我向施莱弗强调，我重视他反映的问题，希望双方合作，一起努力妥善处理此事。我问他是否送交经认证的化验室检查过这些玩具的油漆含铅超标问题，施莱弗表示，送检的化验室是未经认证的。我随即建议他尽快送交一家经认证的化验室复查。我再三叮嘱他，结果出来前暂不对外公布为好。施莱弗接受了我的意见。

后经认证过的化验室检测，这 200 件玩具的油漆含铅量为 20~30ppm，远低于 600ppm 的美国标准。施莱弗对未经复查即向我提出交涉表示歉意，并表示将向所有拥有该玩具的智障儿童的父母说明真实情况。值得庆幸的是，在媒体热炒中国玩具的质量问题时，此事静悄悄地得以妥善处理。

8月30日至9月1日，我访问怀俄明州，并于8月29日顺访加州圣迭戈，其间我继续就产品质量和食品安全问题做美国官员和议员的工作。然而，我回到使馆没几天，9月5日美泰公司又一次宣布召回67万多件中国生产的芭比玩具，声称它们的涂料含铅量可能超标。这是该公司8月以来第三次召回中国生产的玩具。

据说在美国市场上销售的每100件玩具里有95件是中国生产的。大量中国玩具被召回，导致2007年圣诞节的美国玩具市场出现供应紧张的局面。

美再次召回中国产玩具，引起国内各方面的空前关注。中国的玩具生产企业以及相关质量管理监督检查部门迅速做出反应，开始加强对玩具和玩具零部件的检查，力争把负面影响减少到最小范围。

我一直在思考，问题究竟出在何处，后来我被告知，在中国生产的涂料中，铅仍然是一种普遍使用的添加剂。而美国在1978年就禁止在大多数供消费者使用的涂料中添加铅，部分特种涂料需要加铅，但对铅的含量有明确的要求和限制，欧盟也有同样的规定，问题出在中国有关玩具厂采购的油漆不符合美欧的标准。为美欧市场生产的玩具的涂料自然应采用美欧标准，中国的涂料标准应早日与国际接轨。

前车之鉴

面对宠物饲料和儿童玩具引起的中国产品质量的信誉危机，处在第一线的中国驻美国大使馆，肩负起了危机公关的重任。我一方面建议国内相关部门加强与美方的对话与合作；另一方面做美方工作，劝告美方不要把贸易问题政治化。

从 2007 年开春到年末，我努力利用各种机会与美国官方和各方人士就产品质量及食品安全问题进行沟通，并利用出差机会访问了美国十余个州，在所到各处向美国各界广泛介绍国内对产品质量问题采取的措施和未来改革方向。时至年底，涉华产品质量问题有所缓解。

这两起事件在美国引起的中国产品质量风波，让中国企业交了"学费"。其发生并非偶然，虽不排除美国有人故意对中国廉价消费品设置技术壁垒，但确实从国际贸易角度向中国企业敲响了警钟。

这些中国出口产品发生质量问题，究其深层原因，问题常出在诚信缺失上。以宠物饲料为例，国内个别企业为使产品达标而不惜造假或掺假。三聚氰胺与蛋白质相比含有更多的氮原子，所以被造假者利用，添加在食品和饲料中以造成蛋白质含量较高的假象。2007 年美国宠物饲料污染事件和 2008 年中国三鹿奶粉事件皆为利益驱动。

据说当时美国人在宠物饲料中发现三聚氰胺后百思不得其解，

美国新闻媒体开始曾怀疑中国粮食仓库看管不严,造成老鼠药污染。诚信的缺失与法制观念淡薄紧密关联。宠物饲料事件曝光后,生产厂家不是考虑如何整改,而是忙于在调查组到来之前销毁证据。5月初,当美国食品药品监督管理局和中国国家质检总局的联合调查组来到某地一处厂房时,看到机器设备荡然无存,一排厂房从厂区消失,甚至那排厂房原址的地表土层都被机械深翻过。生产厂家的这种行为造成极为负面的影响。

毕竟,外国人还是非常欢迎价廉物美的中国产品。即使在美国玩具市场遭遇中国玩具风波后,美国消费者仍在购买中国玩具,他们甚至觉得对这些产品的质量比从前更有信心了。那段时间有民调表明,对于中国商品的质量,有11%的美国人认为极优良或非常优良,30%的人认为比较好。尽管有关中国商品的负面报道大都集中在玩具上,但民调发现,年青一代的美国人对中国商品的印象还不错。

在经济全球化形势下,中国制造必须在产品的检测制度和标准上与世界接轨,这样才有利于未来中国对外贸易的健康发展。我亲历的这两大质量事件推动了国内在产品检测标准和机制、制度上的完善。更重要的是,提高了国人的质量意识。让中国企业和管理部门看到自己与世界的差距,对中国从贸易大国走向贸易强国,将起到积极的推动作用。

投资美国的风险

自 2010 年吉利完成对沃尔沃的全部股权收购开始，中国企业海外扩张的速度非常快。2014 年，有数据显示，中国全年对外直接投资首次破千亿美元，达到 1029 亿美元，同比增长 14.1%。中国正从跨境资本的吸金大户，向世界投资人的角色转变。

如果说 20 世纪 80 年代，中国企业是贸易走出去，那么现在则越来越多的是资本走出去，从"中国制造"向"中国资本"过渡。有人说，中国正在买下全世界。此话不无夸张，但活跃的海外投资，俨然成为中国经济新常态下的一个新亮点。

但是，频繁的海外资本运作，也招来不少争议。如何规避风险，把买到手的东西经营好，是我们面临的一个新的挑战。

经贸摩擦少不了

2012 年，中国工程机械制造业的佼佼者三一集团在美国的关联公司罗尔斯公司（Ralls），以 600 万美元收购了美国俄勒冈州的一个风电项目，美国外国投资委员会（CFIUS）以威胁美国家安全为由勒令罗尔斯公司终止该项目，撤出所有股权，奥巴马总统签发了相关总统令。罗尔斯公司随即就此案向美哥伦比亚特区联邦上诉法院起诉美国外国投资委员会和奥巴马总统。2014 年 7 月，该法院裁定奥巴马未经适当程序，剥夺了罗尔斯公司风电项目受宪法保护的财产权。2015年11月，罗尔斯公司与美政府正式就此法律纠纷达成和解，相互撤诉。这一案例为中国企业今后在美国发展获得了发言权。

美国以存在国家安全风险为由，阻挠外资公司收购美国企业或商业项目，这并非孤例。此前不久，中国华为、中兴先后被美国国会以威胁美国国家通信安全为由，禁止进入美国的ICT（信息通信技术）市场。

三一重工的总裁向文波接受采访时说过一段话，充分显示了中国企业家的骨气和大局意识。他说："我其实打的不是官司，我打的是尊严。"大多数人曾认为他肯定打不赢，胜诉的可能性几乎为零，但他最终为此案赢得了重要的阶段性胜利。

并购界有一条著名的七七定律：70%的并购没有实现预期的商业价值，而其中的70%又失败于并购后的文化整合。我觉得在这方面，日本有些做法值得借鉴。

20世纪80年代，日本大量对美出口汽车等工业产品，当时美国诸多行业受到很大的冲击。据报道，在美国汽车城底特律，失业工人出于憎恨日本汽车抢了他们的工作，曾焚烧日本汽车泄愤，在美国国会外面也曾发生过议员烧日货的事件。

当年美国敲打日本是很厉害的，即所谓beating Japan。后来丰田投资到美国办厂，打出一个口号，叫作"37.5万公里"。丰田宣传说，地球和月球的距离是37.5万公里，我为你美国提供的就业岗位也是37.5万。

对美国来讲，就业对任何地方政府都是天大的事情，如果你能够到它那里去办厂，帮助解决当地的就业，就能得到当地的欢迎和支持。因此，丰田的宣传就很容易被人记住。这对此后丰田工厂获得美国地方政府的支持，起到了重要作用。

我认为，中国企业走出去，要分阶段。

首先，要做到产品走出去。我们已经成为贸易大国，我们还会继续这样做。

其次，是资金要走出去。现在我们开始进入这一阶段了。但是资金走出去的过程会比较长，因为这不光是个经济问题，还是个政治安全问题。换言之，对中国投资的开放程度因国家而异。

目前，中美双方相互投资还不平衡，美国对华投资775亿美元，中国对美投资466亿美元。近年来，中国投资单年已超过美国，2015年美国对华投资26亿美元，而中国对美投资达85亿美元。中美投资协定还在谈判中，已取得重大进展，如确立了准入前国民待遇和负面清单模式的谈判模式，接受了投资者保护和公平竞争等市场规则，谈判还包括了环境、劳工和透明度等问题。在投资者保护、投资争端解决问题上，双方确立了国际法下由国际第三方仲裁的原则，即双方同意在政府协调和投资者之间没有达成一致的情况下，由世行国际投资争端解决中心进行仲裁。但2016年是美大选年，奥巴马政府还能不能完成谈判有待观察。此外，美国的安全审查还是个障碍，因为美国的安全审查可追溯三年，即使项目已开工，如美方认为有违美国安全利益，也得退回去。

走笔至此，大家可能要问为何美国对中国出口太少。据统计，美国对华出口总额占中国进口总额在下降，而且位列美对华出口前三位的竟是废钢、废铜、废铁。美方应正视两国的比较优势和市场需求特点，在放宽对华出口管制、承认中国市场经济地位等方面拿出实实在在的举措。

理性认识美国的投资环境

中国企业要对美国的投资环境有清醒的认识。

首先，美国的监管很严，规定很多，理论上这些监管必须公平，应该对所有企业一视同仁。事实上，相比较而言，他们对中国企业的监管更加严格。

中国工商银行当初想到美国开设分行，但迟迟得不到批准。后来保尔森当了美国财政部长，他在小布什总统的支持下，倡议中美建立中美战略经济对话的机制，中方积极呼应。这一机制建立后，工行纽约分行得以开业，但业务范围还是受到限制。

其次，美国国内贸易保护主义情绪和经贸问题政治化倾向始终存在。

美商务部不断出台对华出口管制新规定，美国国会不断抛出涉华贸易保护主义议案，集中就人民币汇率、知识产权保护、贸易不平衡等问题向中方施压。

美国曾经说过，它不会对非市场经济国家征收反补贴税，而美国迄今不承认中国的市场经济地位。在加拿大采取了反补贴税之后，美国众议院于 2005 年 7 月 27 日通过了《美国贸易权利执行法案》，允许对中国这样的"非市场经济国家"采取反补贴措施。

2005 年以来，美国多次用反补贴措施对中国施压。我认为，这样做是不公平的。美国在向中国企业征收反倾销税的同时，还征收反补贴税。对中国又是反倾销，又是反补贴，这与美国自由贸易的基本立场相违背。

对于贸易纠纷，双方应该通过协商解决。美方对华动辄搞"双反"，对双方的贸易发展毫无益处。2013 年 3 月，美国通过了《反补贴关税法案》。与之针锋相对，当年 5 月，中国向世贸组织起诉了美国的反补贴措施。这是中国的权利——通过世贸组织来解决贸易纠纷，符合世贸组织的规则。

排除政治障碍宜先行

经济上中美双方互有需要,两国间可以做的事情很多,但首先要排除政治上的干扰。在处理贸易纠纷问题上,双方要做到互利共赢。

当前,在商贸方面,美方遇到的问题就是中方的贸易顺差大。对此美国有很多抱怨,认为贸易不平衡,美方赤字太大。但仔细分析就会发现,恰恰是美国自身的问题,造成了这一局面。

以 2014 年为例,美国自中国进口 4600 亿美元,美国对中国的出口才 1200 亿美元。这是因为美方在高科技产品方面对华仍然禁运,中美贸易的中方顺差如此之大,完全是美国的政策造成的。

其次,美方贸易赤字如此之大,还缘于全球范围的产业转移。中国对美国的出口中,有相当部分是美国资本在中国投资的企业对美的出口,这些企业生产的产品返销美国,直接受益的是美国资本和美国企业。

2013 年 6 月,在中美企业家对话中,中国国际金融有限公司董事长李剑阁举了这样一个例子。中金公司创办之初,投资总额大约是 1 亿美元,摩根士丹利投资了 3400 万美元,占总投资的 30% 多。摩根士丹利退出时,拿走了 10 亿美元。美方不能只从逆差数量本身来考虑,而应该分析这个逆差的结构,以及造成这个逆差的原因。

还有人说，中国对美大量出口抢走了美国人的饭碗。但事实是，美国目前的失业率不到 5%，是历史最低时期之一。服务业在美国经济中的比重高达 80%，美国已把高能耗、高污染、劳动密集型的生产转移到了世界其他地区，即使不从中国进口，也要从其他国家和地区进口。

近年来，随着在中国的投资成本不断增加，美国有一些公司选择把它们在中国的工厂撤回美国，也有一些美国在华公司认为在某些方面它们没能享受国民待遇。

中国经济在不断发展，无论规模还是质量都在发生变化。中国的工资水平等经济要素和若干年前相比，有变化是很自然的。同时，国际环境也在变化，全球化进程在不断深化。对中美两国来说，最重要的是在投资环境和政策的公平性方面做到一视同仁，给予对方企业国民待遇。

企业的去留是个动态的过程。大部分美资企业在华都能赢利，当然也会有些美资企业业绩不好，但这不能归咎于中国的市场环境，有可能是它们的产品不对路、经营不得法。退出的企业是少数，留下来的还是绝大多数。

如今，有很多美国公司到中国投资，中方的企业家也有很强的意愿到美国投资。

从美方来讲，关键在于客观对待双方的贸易摩擦和分歧，不要将之政治化，而是要通过平等协商加以解决，这有利于中美贸易保持顺利发展。

对中方而言，我们也会继续致力于创造一个良好的环境，使得外资企业在中国市场上能积极创新、公平竞争，既赢得市场，又能够推动技术进步和社会发展。

下一步，中美应共同努力提高双向投资水平，拓展新的合作领域，培育新的经贸增长点，包括在信息技术、新能源、环保、节能等领域加强应对新挑战的合作。

对话管控分歧

通过建立不同层级、规模的对话机制，中美这两个对世界经济发展贡献率很大的国家加强了宏观经济的政策协调和双边经贸问题的磋商。

在中美双方已经建立的60多个对话和磋商机制中，级别最高的当属中美战略与经济对话，它是中美之间参与部门最多、讨论议题最广的重要平台。

现在大家都很关注全球经济治理和加强金融监管的问题，在这两个领域，中国的参与和中美的政策协调很重要。对看法一致的问题，双方可在多边场合共同发声和协力推动。对那些双方看法尚有分歧的问题，则可继续并对话加强管控，使之不致影响双方经贸关系的全局。无论在解决具体经贸争议方面，还是在推动中美经贸关系稳定发展方面，中美战略经济对话都发挥了关键作用。

在驻美大使任内，我亲历了这一对话机制的诞生和发展。

最高规格的对话机制

2004年前后，朝核、伊朗核等问题逐渐升温，美国还面临着反恐问题。与此同时，人民币汇率、贸易顺差等成为两国关系中的热点问题。

"9·11"事件发生后，小布什的对华态度有了积极变化。同时，中国国力日渐强盛，对世界的影响越来越大。美方意识到，如果没有中国参与，美国关心的很多问题将难以解决。在中方看来，中美共同利益在扩大，中美关系保持稳定发展对中国深化改革、扩大对外开放有利。

在此背景下，时任中国国家主席胡锦涛和小布什先后于2004年11月和2005年9月商定开启中美战略对话和中美战略经济对话。第一次中美战略对话于2005年8月1日在北京举行，由戴秉国常务副外长和佐利克常务副国务卿主持。第一次中美战略经济对话于2006年12月15日在北京举行，中方由吴仪副总理作为胡主席特别代表主持，美方由保尔森财长作为小布什总统特别代表主持。保尔森财长在 2006 年 7 月就告诉我，小布什总统已经同意授权他代表美国政府来处理中美经贸关系的问题。保尔森同意出任财政部长的条件，就是要和中国建立战略经济对话机制。

保尔森认为，当时中美之间的经贸问题很多，而很多问题都是跨部门的，单个部门无法解决，政府高层要亲自参与，并授权一个跨部门的机制出面与中方沟通解决，小布什同意美方由保尔森牵头。

2006 年 12 月至 2008 年 12 月，中美共举行了 5 次战略经济对话。第一次对话阵容强大，美国财政部长保尔森作为总统的特别代表率领美方团队，团队成员由商务部长、贸易谈判代表、劳动部长、美国进出口银行行长、国务院副国务卿、联邦储备委员会主席组成；中方则由吴仪副总理作为胡锦涛主席的特别代表率领中方团队，其成员包括财政部长、商务部长、外交部副部长、发改委主任以及保监会主席、银监会主席、证监会主席和中国人民银行行长等。这样的规格马上引起了世界各国的高度关注。

关于对话议程，中美战略经济对话为双方提供了解决经济领域跨部门和全局性问题的机制，并使双方有了定期进行高级别对话和面见对方最高领导的机会。

对话前，双方司局长级别的工作层需要做大量准备，充分交换意见，尽可能让战略经济对话聚焦到重要问题上。对话会前，团长还会召集相关部门开会研定预案和说辞。

2009 年 2 月，新上任的奥巴马政府的国安事务副助理多尼隆约见我，提议把原来的中美战略对话和战略经济对话合并为中美战略与经济对话。一个多月后，胡主席和奥巴马总统在伦敦 G20 峰会举行会见，共同决定建立中美战略与经济对话机制。

中美战略经济对话原来一直由美国财政部主导，希拉里就任国务卿后，提出由她代表美国国务院与财政部长盖特纳共同主持中美战略与经济对话。

2009 年 7 月 27 日，首轮中美战略与经济对话在华盛顿举行，开幕式后分两个会场同时举行战略对话及经济对话。国务委员戴秉国和美国国务卿希拉里·克林顿共同主持战略对话，经济对话由国务院副总理王岐山和美国财长蒂莫西·盖特纳共同主持。

至此，中美战略与经济对话成为中美关系史上，也是美国对外关系史上级别最高、涵盖领域最多、范围最广的一个对话。

中美战略与经济对话自启动以来，一直在试图重点回答以下五个问题：怎样看中国，怎样看美国，怎样看世界，怎样看合作，怎样看分歧。

这五个"怎样看"问题，就美方而言，最根本的就是要解决怎样看中国的问题，是将中国视作朋友还是对手。

长时间以来，美国对中国快速发展深感焦虑不安，从白宫到国会对中国在认识上从来心存疑虑，在行动上始终是严加防范。2015年"习奥会"期间，习近平主席向美方提议：双方保持高层和各级别密切交往；拓展和深化各领域务实合作；密切双方人文交流；尊重双方历史文化、社会制度等差异；深化亚太合作；共同应对地区和全球挑战。奥巴马总统表示双方在很多问题上有共同利益。"习奥会"的白宫秋叙有助于奥巴马正确认识和对待中国。

金融合作的推手

中美建交后，曾由商贸、科技、经济三个联委会负责处理中美关系有关领域的问题，其中商贸联委会负责有关商品贸易、服务贸易方面的问题，但它始终没有涵盖银行、金融、保险方面的事宜。中美战略与经济对话开启后，中美金融合作事务就通过这一渠道处理了。

与改革开放同步，中国金融业对外开放始于20世纪70年代末。1983年中国人民银行颁布和实施了《关于侨资、外资金融机构在中国设立常驻代表机构的管理办法》，首次从法律层面对外资金融机构给予保障和规范。

以1994年汇率与外汇体制改革为标志，中国金融业对外开放进入市场化、国际化阶段。在实现人民币经常项目下可兑换、建立新的外汇体制基本框架的基础上，进一步扩大了对外资金融机构在经营地域和业务范围上的开放程度。

1997年亚洲金融危机以后，国际经济发展普遍减速，国际投资和资本流动缓慢，外资进入中国的步伐放缓。而与此同时，中国加入世界贸易组织的谈判步伐加快，国内金融业尤其是银行业为了应对外资银行的大规模进入，开始进行相关的准备工作。

中国自2001年加入世界贸易组织以来，按照加入谈判时的承诺，有计划、有步骤地加大了银行业、保险业和证券业的对外开放。但与美国金融业在中国的发展规模与速度相比，中国银行在美国的拓展却显得步履维艰。

最早在美国开设分行的中资银行是中国银行，作为中国执行外汇交易的主要银行，该行1981年在纽约开设了第一家分行，后来又分别在芝加哥和洛杉矶各开设了分行。此后，中国交通银行于1991年在纽约开设了分行。

1991年年底，为打击洗黑钱活动，美国出台了《外国银行监督加强法》，提出外国银行如希望在美国开设分支机构，需事先得到美国联邦储备委员会的批准，增加了外国银行进入美国金融业的难度。2007年，得益于中美战略与经济对话的推动，股份制的中国招商银行获得批准在美国设立分行。

工商银行和建设银行分别在2007年4月和2008年2月正式提出在美设立分行的申请,但都迟迟没有获得美联储批准。

2008年6月17日至18日,第四次中美战略与经济对话在美举行。工行与建行进入美国金融市场成为"对话"的重要内容之一。"对话"结束后,作为成果之一,中美双方同意启动双边投资保护协定谈判。美国明确表示,欢迎来自中国的主权基金,重申开放金融市场的承诺,承诺给予中国的银行国民待遇,及时接受中国的银行在美国创建分支机构的申请,根据相关的审慎监管和程序进行审批,不会有意拖延。中国则申明,主权基金(中投公司)的投资决策将完全基于商业理由。

"对话"结束两个月后,工行正式获准在纽约设立分行;六个月后建行获批在美设立分行。

美国原来对中国加入泛美开发银行态度比较消极,中美战略与经济对话启动后,美方态度逐渐变化,中国加入泛美开发银行问题终于取得历史性的突破,于2008年10月加入了泛美行,并向该行捐资3.5亿美元,支持该行的拉美和加勒比地区金融开发项目。

平衡贸易的契机

尽管中美双方对两国的共同利益和存在的问题都很清楚,但如何有效沟通和管控,对双方仍是挑战。从中美战略对话、战略经济对话升级到中美战略与经济对话，实际就是中美双方出自共同利益有效管控两国分歧和矛盾的过程。

在"对话"启动前，人民币汇率问题被美方高度政治化，美国国会议员普遍认为人民币币值被低估，并认为这是中国政府对出口的一种补贴，要求对币值被低估的部分增收附加税。

我至今清楚地记得，2005年，纽约州联邦参议员舒默和南卡罗来纳州联邦参议员格雷厄姆联合提出议案称，如果人民币不升值，那么所有进入美国的中国商品将被加征27.5%的汇率税。

在战略与经济对话中，中方清晰地表达了对美国部分议员企图通过议案的方式在人民币汇率问题上对中国进行施压和干预感到不满，告诫美方如果该议案获通过，中方将做出回应并采取必要行动。美国政府担心该议案如获通过将触发对美不利的后果，美国政府高官包括时任美国财长保尔森在参院中大力游说反对此案，最终令该议案未能提交国会进行表决。

通过开诚布公的对话，人民币汇率问题得到了管控。美国财政部从未在其每年4—5月发表的各国汇率报告中指责中国操纵汇率，避免了两国在人民币汇率问题上发生直接冲突。

在2010年举行的第二轮中美战略与经济对话中，美国曾希望借助汇率问题增加对中国的出口，时任美国商务部长骆家辉在对话前10天访华时明确表示，此访是为了完成奥巴马总统下达的出口任务。奥巴马的出口计划是 5 年内将出口翻一番。

美国开始走出全球金融危机，美国经济结构有待从内需消费型向出口导向型转变。与此同时，中国的经济战略是从出口导向型向内需发展型转变。两者可以互为补充，但现实是双方都面临着增加国内就业的共同压力，双方的贸易在这一点上存在冲突。

记得 2009 年 12 月，我会见美国前财长保尔森和前财长斯诺时，他们均表示，美国经济衰退和高失业使美国国内形成特殊的"政治气候"，美国需要为高失业问题寻找"替罪羊"，人民币汇率等中美经贸问题将成为这样的"替罪羊"，中方要有所准备，更多通过静悄悄、有技巧的外交手段处理中美经贸问题。

为了平衡中美贸易，我们想了很多办法，比如增加对美国的投资。但美国认为我们的投资过于集中在资源以及敏感的技术领域，威胁到它的安全，并因此对中国企业在美设置了种种障碍。在这个问题上，美国不应将投资问题政治化，而我们则应循序渐进，力求对美投资多样化。

第六章 我眼中的美利坚

2005年3月24日,我被任命为中华人民共和国驻美利坚合众国特命全权大使。这是我第五次常驻美国。外媒评价说:"周于中美关系相对稳定但很难突破的瓶颈时期出使美国,任重道远。"

为了化解中美关系出现的新矛盾、新问题,我到馆后给自己定下了三个目标:一是遍访美国50个州;二是尽可能多见些联邦国会议员;三是想方设法增加美国公众对中国的了解。

如何做大使

在出任驻美大使之前,我曾两次被派往国外担任特命全权大使:1990年,我从驻旧金山总领事馆副总领事的位子上调任中国驻巴巴多斯大使，同时兼任驻安提瓜和巴布达大使；1998年，从驻美国使馆公使任上调任中国驻澳大利亚大使。

工作中，我牢记周恩来总理当年所说外交无小事和外交工作授权有限这个原则。

大使代表国家，既要对我外交全局了然于心，又要吃透我对驻在国的国别政策，还要熟悉驻在国的国情民意、风土人情。忠于祖国，忠于职守，是驻外人员的基本素质；不辱使命，不负重托，是驻外人员的责任。

世界之大，有的国家与我毗邻而居，近在咫尺。有的国家同我远隔重洋，相距万里。尽管现代化通信手段拉近了世界任何角落与北京的距离，但驻外使节都有需要当场表态或立刻行动的经历或遭遇。对驻外使节们来说，真可谓台上一分钟，台下几年功。

中国现在有173个建交国，中国外交开始更多地走出去。在联合国安理会五个常任理事国中，中国对联合国维和行动贡献最大；中国是世行第三大资金提供国和最大的贷款接受国；中国的人民币在国际货币基金组织中已成为储备货币（特别提款权货币）；中国广泛地参与到联合国其他专门机构中。中国愿同世界各国一道搭建国际合作大舞台。

驻美使馆是我国所有驻外使馆当中人员和部门最多的一个，共有200多个人员编制、十多个处室，方方面面的业务量非常大。我在美常驻时通常是从早上 9 点一直工作到深夜。白天基本上忙于会见美各方高层人士和参加美方或外国使团主办的社交联谊活动，审改各处室报批的文电以及重要的调研报告全靠晚上的时间。晚上在官邸宴客或应约外出活动后，立马回使馆处理文电。一天忙下来回到官邸躺下睡觉经常已是半夜，第二天早晨 7 点就得起床。每到周末和公共假日无一例外要到使馆加班。在美常驻除要处理大量日常事务，还要时刻准备着对美内政外交中的突发事件做出反应并向国内提出处理意见。记得 1981 年 3 月 30 日驻美使馆从电视插播新闻中获悉里根总统遇刺后，立即报告国内并建议国内发慰问电，国内接受了使馆意见，很快给里根总统发了慰问电。

美国有个说法，政治从地方开始（All politics are local.）。我在美常驻时很重视做美地方当局的工作，每个月都尽量抽些时间或应邀或主动到各州访问演讲。去的地方虽然不少，但常常是机场、旅店、州（市）政府和议会、邀请方几点一线，很少去景区。

工作之余留给自己的时间所剩无几，每天睡不了几个小时，全靠外出路上一二十分钟打个盹儿来补充精力，也没有时间锻炼身体，一年 365 天每天如此。幸好当时还年轻，除在巴巴多斯右眼突发视网膜脱落紧急回国做手术外，身体经受住了这种节奏。

在美国当大使，既是国家的喉舌，又是国家的耳目。我的工作重点之一是捕捉各种信息，首先靠广泛阅读，其次靠交朋友，再次靠参加各种官办或民办研讨会。重点之二是做国会工作，此事使馆其他外交官无法代劳，在使馆国会工作处安排下，我结识了百余位美联邦参众议员。重点之三是做媒体的工作，驻美使馆早年只安排了一位文化处的外交官做新闻工作，到我出任驻美大使时已专门设了新闻组负责做媒体工作。我的方针是，只要对方没有恶意，我基本来者不拒。据不完全统计，我任驻美大使5年中，美全国和地方电视与平面媒体涉及我的报道达百余次。

最好的外交使者在民间

2005年，国际形势继续发生深刻复杂的变化，美国小布什政府强硬推行单边主义外交受挫，深陷伊拉克泥潭难以自拔，美国的"大中东民主计划"遭到地区国家反对。美有求于我一面上升。

2005年5月，小布什在白宫记者会上说，美国应将中国视为经济机遇和国际安全伙伴。8月和9月，美防长拉姆斯菲尔德、国务卿赖斯和财长斯诺相继访华。8月，中美首次战略对话在北京举行，美方主持人、常务副国务卿佐利克回美后不久发表演讲称中美是"利益攸关方"。与此同时，中美双边关系在纺织品配额、中海油并购美国优尼科石油公司失败、人民币汇率等问题上交锋不断。11月，小布什总统对中国进行正式访问。此前，小布什曾于2001

年到上海出席亚太经合组织（APEC）领导人非正式会议，并于 2002 年 2 月对中国进行了为期两天的工作访问。

从工作访问到正式访问，差别在礼仪，更在内涵。胡锦涛主席同小布什总统会谈时指出，中美关系已远远超出双边范畴，越来越具有全球意义。中美应在亚太和全球和睦相处、互利合作、共同发展，全面推进建设性合作关系。小布什表示，两国应不断扩大交往，加强对话，欢迎中国经济对促进世界经济发挥更大的作用，美方将努力保持两国贸易平稳发展。小布什邀请胡主席尽早访问美国。中美双方原曾商定胡主席于 2005 年 9 月访美，后因"卡特里娜"飓风袭击美国而推迟。

我专门回国参加了接待小布什总统的工作。此时的我，衷心希望能在驻美大使任内，按两国元首达成的共识促进中美关系健康稳定发展，努力扩大两国关系的积极面，管控好两国关系中的消极因素。

递交国书

2005 年 5 月 24 日下午，小布什总统接受了七位新任驻美大使递交的国书，我是其中之一。国务院礼宾司官员中午 12 时 30 分就到官邸来接我们全家，我在七位大使中排在第三位。

轮到我递交时，国务院礼宾司长引导我走进椭圆形办公室。这已不是我第一次进入白宫椭圆形办公室了。记得第一次是在1979年邓小平访问美国时，当时中美刚刚建交，驻美联络处即将升格为大使馆。27年过去了，椭圆形办公室风光依旧，但已换过五位主人。中美关系也历经风雨曲折，但总体上保持了前进的势头。今天，中美建交已近30年，中美关系的意义已远远超出双边关系的范围。我手中的国书分量很重。

胡锦涛主席签署的国书这样写道：为加强和发展中华人民共和国和美利坚合众国之间的友好合作关系，我任命周文重先生为中华人民共和国驻美利坚合众国特命全权大使。我相信周文重先生将尽力完成他所担负的使命，请你惠予接待，并对他代表中华人民共和国政府所进行的工作给予信任和帮助。

这是一个礼节性仪式，美方给了每位大使5分钟向布什总统递交国书。布什站在办公桌前，身着深色西装，显得挺拔而强壮。他与我们夫妇握手，接受国书，合影留念。礼宾官员站在一旁，负责掌握时间。我想单独见布什总统机会难得，应该抓住机会就胡主席访美有关安排与他交换意见。

交谈中小布什表示，他期待着胡锦涛主席对美国进行访问，并同胡主席深入交换意见。可能我占的会见时间长了些，礼宾官员有点焦急，因为后面还有四位大使等着递交国书。布什却显得很耐心，他还和我女儿寒暄了几句，问了她在美国读书的情况。最后，布什同我本人并同我全家分别合了影。

在其后的两个多月里，我与美方多次就胡锦涛主席访问美国交换意见。7月下旬，唐家璇国务委员访美，双方进一步商谈了胡锦涛主席访美有关事宜，并就访问的礼宾安排以及政治会谈和议题达成了不少共识。布什总统在椭圆形办公室会见了唐家璇。

8月中旬，中美双方最后将胡主席访美时间确定为2005年9月6日至13日，也就是在胡主席9月13日参加联合国成立60周年首脑会议之前。

患难见真情

2005年8月25日，胡锦涛主席访美成行前11天，中国驻美国大使馆的全体同志正紧锣密鼓地为这一重要活动忙碌着，五级飓风"卡特里娜"在美国东南沿海登陆，一场百年不遇的自然灾害降临美国！

数天里，美国各大电视、平面媒体的头条均被"卡特里娜"飓风占据。"卡特里娜"途经的佛罗里达州、路易斯安那州、密西西比州，其人员和财产损失之惨烈和不断恶化的程度，令整个美国和全世界瞠目。

中国驻美国大使馆、中国驻休斯敦总领事馆迅速设立救灾热线并派出工作小组帮助数批中国留学生撤出新奥尔良等灾区。

9月1日，美国国务院发言人麦科马克在新闻发布会上说，国务卿赖斯在与白宫协商后表示，美国愿意接受外国因"卡特里娜"飓风而提供的任何援助。美国接受外来援助是极为少见的现象。中国政府很快做出反应，决定向美国提供500万美元的现汇援助，同时派专机运送一批救灾物资。中国红十字会和民间也向美国人民伸出援助之手。

9月2日，美国总统国家安全事务副助理克劳奇紧急打电话约我去白宫。我预感到胡主席访美时间可能要被推迟。当时布什总统正在路易斯安那州指挥救灾，救灾成为美国政府的第一要务。果然，克劳奇告诉我，美方希望推迟胡锦涛主席访美计划，并说美方拟在会见后对外宣布这个消息。

我当即表示，美国忙于救灾，拟推迟此访，可以理解，但胡主席访美是双方商定的，不应由美方单方面决定。我建议由布什总统与胡主席通电话，说明因忙于救灾希望推迟，然后由双方共同对外宣布。美方接受了我的建议。

中美元首直接互通电话线路于1998年设立，两国领导人曾多次通过这一热线电话就重大国际议题进行直接交流。

华盛顿时间9月3日早上，北京时间9月3日晚，布什总统与胡锦涛主席通电话。

布什总统向胡锦涛主席介绍了"卡特里娜"飓风给美国南部三

州造成的严重人员伤亡和财产损失，表示美国政府正在全力以赴组织救灾。他特别强调，美国政府和人民非常感谢中国政府和人民提供的友好援助。布什总统对不得不推迟胡锦涛主席访美表示遗憾，期待在出席联合国成立60周年首脑会议时在纽约同胡主席会晤。

胡锦涛主席说，在美国人民面临严重自然灾害的困难时刻，中国人民坚定地同美国人民站在一起。他表示，相信美国政府和人民一定能够战胜灾害，重建美好家园。胡主席对美方不得不推迟他的访问表示理解，期待不久同布什总统在纽约会晤。

9月7日，中国南方航空公司一架波音747货机载着帐篷、床单、儿童衣物以及发电机等中国援助美国风灾灾民的物资抵达阿肯色州小石城机场。此前，中方迟迟未被告知应降落哪个机场。最后我亲自打电话给美国国土安全部切托夫部长的顾问艾索尔斯，他允诺尽快解决。美国国土安全部很快安排我专机在离灾区较近的小石城降落。小石城空军基地司令雷海泽少将在基地机场迎接。我国驻休斯敦总领事馆胡业顺总领事亲自前往主持交接。空军基地内各处设立的电子告示牌上专门打出了"欢迎，我们的中国朋友，感谢你们的支援！"的字样。

布什总统的第一任期遇到了"9·11"，开始没有处理好，后来表现不错，第二任期遭遇了飓风，又是对他的一个考验，美国媒体评价他这次仍然是"慢热"型风格。

在美国处于巨大自然灾害的严峻时刻，我们所做的工作产生了很好的效果。正所谓"患难见真情"，通过开展救灾外交，美国人民深切地感受到了中国政府、中国人民的情谊。

坏事变好事

2008年5月12日下午2时28分，我国四川省发生里氏8.0级强震，震中位于阿坝州汶川县。地震造成数万人遇难，直接经济损失达8451亿元。

从得到消息的那一刻起，我的心情十分沉重，我的神经被全部调动起来，着手千方百计地与美国政府和民间沟通，介绍最新灾情，争取得到更多的精神和物质支持。

中国驻美国大使馆启动了重大突发事件应急机制，积极支援国内抗震救灾工作。通过网站对外发布新闻公报和公告，通报灾情、中方急需的援助物项以及捐款（物）方式，使馆设立救灾应急小组，开通24小时救灾捐款热线电话，安排专人值班接待前来捐款、慰问者，开设救灾捐款账户，受理包括旅美华侨华人、留学生在内的所有外界捐款。

在地震后的一段时间里，中国政府救灾的效率、灾情和救灾报道在世界和美国面前树立了良好形象，也让世界看到中国人民的坚强伟大。我感受到旅美华侨、留学生们血浓于水的同胞情义；为美国各界对中国地震灾区的人道主义支援所感动。这些情景令我联想到两年零九个月之前中国支援美国"卡特里娜"飓风灾难的日日夜夜，感受到"救灾外交"的互动。

美国官方对汶川地震的救灾反应相当快速。5月18日，美方专门派出太平洋总部军用飞机运输价值160万美元的救灾物资到成都。

5月19日至21日，我国全国哀悼日期间，驻美使馆在使馆大厅设立吊唁堂，开放吊唁簿。

令人难忘的是，5月20日上午，布什总统与第一夫人劳拉驱车来到中国驻美国大使馆，在吊唁册上留言，向汶川大地震的死难者表达深切的悼念。

这是布什总统夫妇第一次到驻美使馆。我接到通知后，马上召集两位公使和使馆各处室负责人在使馆门厅等候。上午10时许，布什总统夫妇在白宫办公厅主任博尔顿、总统国家安全事务助理哈德利陪同下来到使馆，布什总统同我们握手后径直走向放着吊唁簿的桌子，写下整整一页的文字。他告诉中国人民，他敬仰他们在地震后表现出的人格力量，在他们面对灾难挑战之际向他们致以慰问。

布什总统写道："当你们哀悼痛失如此多的至爱及搜寻仍然失踪人士时，值此悲伤时刻，我们与你们同在。我敬仰中国人民对抗天灾时表现出的慷慨精神及人格力量，无论中国希望美国以什么形

183

式提供协助，美国都随时就绪。美国向受地震影响的灾民致以慰问，并为他们早日康复而祈祷。"

劳拉接着在吊唁册上留言，她向中国人民转达美国人民的"爱与慰问"。

布什总统夫妇留言后，即走向写有"沉痛悼念四川汶川大地震遇难同胞"的幕墙。默哀片刻后，布什对随同前来的白宫记者团说："我们表达最深切的慰问、祈祷痊愈，并向那些生活支离破碎的人致以慰问。"

布什开创了美国总统到外国使馆向地震死难者表示哀悼的先例。之前，我曾听说他多次了解我们使馆将有什么哀悼活动，表现出极大关注，但我没想到他会亲自来使馆吊唁。

在为期三天的全国哀悼日期间，驻美使馆接待了一批批吊唁者。此后，美国各界以各种方式表达他们对灾区人民的同情和慰问，积极为帮助灾民重建家园捐款捐物。

我担任驻美国大使期间，先后遭遇了中美两国各自经过的一场重大天灾——"卡特里娜"飓风和汶川大地震——先是代表中国帮助美国救灾，后又代表中国接受美国帮助中国救灾。我在美国经历了这两次重大天灾发生后的那些日日夜夜，中美两国政府、民间全力抗灾的许多动人场景，特别是两国人民相互支持、相互救援的人道主义精神，时时撞击着我的心灵。

俗话说"坏事变好事"。突发性的飓风和地震，是人类的灾难，但却让中美两国人民加深了相互理解，填补着误解的沟壑。作为驻美大使，我有幸看到两次灾难让美国人重新认识了中国人，加深了他们对中华民族的尊敬。我更看到，最好的外交使者在民间。

最具戏剧性的火炬传递

小布什总统第一任期时曾视中国为战略竞争对手，当时布什政府高层其他高官对中国看法也偏负面，副总统切尼 2004 年 4 月访华回美后曾声称"一个中国"是神话，公然支持"台独"。布什政府进入第二任期后，出于内政外交需要，调整了对华政策，转而把中国看作"经济机遇和国际安全伙伴"。2008 年 8 月，北京奥运会开幕，布什总统带着全家出席了开幕式。

很多人评论小布什是慢热型。他对中国的认识的变化，我觉得有家庭影响的因素，更多的是形势使然。小布什在得克萨斯长大，我觉得他的性格里有得克萨斯人的直率。

由于美国政府和布什总统支持北京举办奥运会，旧金山的奥运火炬传递顺利进行。鉴于奥运火炬传递在伦敦、巴黎受阻，我去了旧金山四趟。在当地政府和美国奥委会主席的支持下，我们决定改变传递路线，保证了奥运火炬的安全传递。

"北美唯一"

2008年北京奥运会的境外火炬传递，旧金山是北美唯一入选城市。

美方之所以选择旧金山为北京奥运火炬接力地点，理由有二：其一，作为美国西部第二大城市的旧金山也是美国华人人数较多的城市之一，是中美文化经济交流开始最早也最为频繁的城市之一；其二，旧金山有着悠久的奥运传统，在百年奥运历史上，火炬曾四次经过旧金山湾区，旧金山积累了火炬传递的经验。

我们接受了美方的建议。自此开始了中国驻美国大使馆、中国驻旧金山总领事馆同北京奥运及其火炬传递的不解之缘。正是由于"北美唯一"的殊名，旧金山火炬传递面临的各种困难挑战也格外引人注目。

我感到的隐忧是，旧金山是国际开放城市，就中美关系而言各种势力在这里汇集，华人集中的优势在美国可谓首屈一指，最能集中体现海外华人对百年梦想的北京奥运的热情，但旧金山地区也不乏反华声音，后者无疑增加了在这里举行奥运火炬传递的政治安全难度。

为了做好有关工作，自旧金山被宣布为火炬传递城市的第一天起，就成立了以我为组长、高占生总领事为副组长（早期为彭克玉总领事）的工作小组，负责指挥协调有关筹备工作。作为旧金山火炬传递第一责任人，我从一开始就向大家提出要求，必须把确保安全作为火炬传递全部准备工作的核心。政治安全问题在后来一年的筹备过程中一直是个焦点。一年中，使领馆的工作团队夜以继日全力以赴地投入到艰苦细致的筹备工作之中。

从 2007 年 4 月到 2008 年 4 月，我专程去了旧金山四趟，与两任总领事彭克玉和高占生同志就火炬传递有关事宜进行商议，并共同与旧金山市政府进行沟通和协调。

经多次磋商和修改，双方商定安排共计 80 名火炬手进行一个半小时的火炬传递：从麦科维湾出发，途经海湾大桥、渔人码头等多个标志性景点，到达设在赫尔曼广场的终点，全部里程约 13 公里。

确定传递路线方案后，我们接下来的工作就是具体落实。在确定 80 名火炬手时，我被列为中方 5 名火炬手中第一人选。但我深感第一责任人的身份比第一棒火炬手更重要。为了做好火炬传递当天全局性的安全保障，我放弃了做火炬手的宝贵机会。我希望把工作做到整个传递完成的最后一刻。

与"藏独"斗智

然而，就在北京奥运会即将举行前五个月，2008 年 3 月 14 日，少数"藏独"分子在西藏拉萨挑起严重骚乱事件。三周后这一事件波及北京奥运会的境外火炬传递。4 月 6 日和 7 日，我在电视上先后看到"藏独"分子在伦敦、巴黎破坏火炬传递的恶劣行径。

旧金山站的奥运火炬传递的时刻在一分一秒地临近,"藏独"分子也在加大鼓噪。他们的口号是:抑制北京奥运会,反对布什总统参加奥运会开幕式。

美方的态度,一是依法不禁止反对火炬传递的和平示威,但反对用暴力干扰火炬传递;二是奥运会开幕式不是政治性活动。布什总统4月6日强调,他一定会出席开幕式,美中关系正变得密切,他还将出席奥运会看作为美国运动员助威的机会。

临近火炬传递的时刻,纽森市长加紧了全市的安全防范。加州警方承诺在圣火传递时展开空前规模的安保,以避免重现欧洲"混乱的一幕"。美国国务院发言人麦科马克表示,美国国务院正提供协助,保护圣火在旧金山传递时的安全。肯尼迪副国务卿派了数十名国务院安全官员分批抵达旧金山协助工作。

因"藏独"分子扰乱,北京奥运火炬境外传递的外部环境变得复杂了,这引起国际奥委会的担忧,如果"藏独"分子在旧金山再度重演伦敦、巴黎街头闹剧,境外火炬传递是否仍应继续举行?

4月8日,国际奥委会在北京召开会议,一些委员提议今后取消奥运会主办国的海外火炬传递。分析人士认为,圣火传递文化今后的命运,以及北京之后的奥运会是否会演变成发泄政治不满的大集会,将取决于未来几个月西方对北京奥运会的态度。而旧金山的火炬传递能否顺利,将打击或鼓舞国际奥委会的信心。

"藏独"干扰境外火炬传递事件,给身在事件旋涡中心的筹备工作团队带来巨大压力。我和大家达成了共识:整个传递过程将是与"藏独"分子斗智斗勇的过程,我们要千方百计阻止、挫败这一干扰,顺利完成奥运火炬在旧金山的安全传递。为此,我们要把最坏的可能想在前面。

纽森市长向伦敦和巴黎讨教后,建议做好改变路线和传递方式的准备。我说:一切以安全第一为原则。我们经多次磋商、修改,最终确定的火炬传递路线由原来的 13 公里缩短为约 8 公里,时间仍为一个半小时。

路线是:从位于旧金山市区东南部的中国湾公园码头开始,沿市区东部滨海大道向北,途经海湾大桥、渔人码头等多个标志性景点,最后从原滨海大道折回抵达终点赫尔曼广场,并在那里举行庆典仪式。新路线最主要的变动有二:一是缩短路线,二是沿着海边跑。

2008 年 4 月 8 日凌晨 3 时 40 分,我率领中国使领馆工作人员与旧金山市政府官员代表,在机场迎来了从巴黎出发、飞行了 11 个小时的北京奥运会火炬接力运行团队的包机。

团队总指挥、北京奥组委执行副主席蒋效愚手提火种灯,在圣火护卫手的陪同下走出机舱。我迎上前去,和蒋效愚一起高高举起火种灯，众多摄影记者用镜头记录了这个历史性的时刻。旧金山机场发言人说："我们接待它（圣火）就像接待一国元首。"

8日，圣火将在旧金山市停留一天，并于9日进行传递。上午，北京奥运会祥云火炬前往旧金山最著名的地标性建筑金门大桥展示，两名当地火炬手高举火炬，火炬手以金门大桥为背景跑过海滨路。祥云火炬的中国红和金门大桥的红色在这里汇合，两种文化在这里得到包容与辉映。

8日，我和蒋效愚副主席紧急与美国奥委会主席尤伯罗斯、旧金山市长纽森、警察局长方宇文以及美国国务院安全局、联邦调查局等美方人士在市长办公室长时间商谈。经反复协商，双方同意起点第一棒开跑后，一、二棒火炬手不交接，再用火种灯点燃第二棒火炬开始传递，跳过极易出问题的一、二棒之间的一座桥，并确认如遇有特殊意外情况，可以起用新的临时路线。

双方在火炬手保护上也进行了多个回合的协商，最终美方答应在火炬手周围布置四层保护圈：核心护跑手—外圈保护层—自行车保护层—最外层的人墙保护层，并派国务院安全局1名特工和驻美使馆警务联络处的陈枫同志（在国内当过警官，身体素质好）随跑，但将中国火炬手护卫队的人员减少至6人。因路线缩短，双方一致同意除第一名火炬手外，其余各棒两名火炬手共持火炬传递。

双方还就火炬手车队行进速度和指挥体系进行了协商。美方同意火炬传递总指挥张明和高占生总领事乘中方指挥车，紧跟火炬手后面，负责与美国警方联络，是否更改线路由双方领导层共同决定。

与此同时，旧金山当地华人华侨社团也为圣火传递进行着周密的准备。美国华商总会已经联合了湾区、西雅图、洛杉矶等地的 100 多个侨团，组织华人华侨准备迎接奥运火炬的到来，为火炬传递加油助威。

此外，旧金山的中国留学生也在相互交流和传递着如何对付"藏独"破坏火炬传递的良策。他们为伦敦和巴黎两地的中国留学生面对"藏独"无所畏惧的勇气所感动，同时吸取两地留学生因经验不足而未能把斗争效果发挥到最佳的教训，相互提出建议。

后来我听说，8 日晚有数百人的留学生队伍在领事馆守夜，准备天不亮就去占领地盘。他们准备了 500 份歌曲传单，打算在开幕式前放开嗓子歌唱祖国，让反对的噪音淹没在歌颂祖国的大合唱中。他们还制作了四条"Beijing 2008 同一个世界，同一个梦想，One World One Dream"的大横幅。

"最具戏剧性"

有家媒体曾评选出诸多奥运火炬"境外传递之最"，旧金山被评为"最戏剧性的传递"。陈述的理由是：4 月 9 日在旧金山进行的这场圣火传递，第一棒火炬手林莉从起跑点出发，跑进旁边的一个大仓库……然后整个传递活动好像停止了，所有人都不知道发生了什么。大约 40 分钟后，火炬突然出现在另一条街上，传递活动继续进行。

原来旧金山警方为安全起见，突然变更了传递路线和传递方式，由原来的 6 英里缩短为 3 英里，传递方式也改为两名火炬手同持一把火炬进行传递。

看到这个"之最"，又有谁知道在这"戏剧性"的背后包含了多少人的智慧与激情、焦虑与期盼呢？

4 月 9 日是火炬正式传递的日子。在奥运火炬传递起点的上空，一架飞机飞过蓝天。飞机拖着一条巨幅标语，上面用英文写着"西藏永远是中国的一部分"。

传递即将开始，世人并不知道火炬传递路线将被更改。时近中午，纽森市长和尤伯罗斯主席在美方指挥车外等待着传递路线沿途最新情况的报告，我、北京奥组委执行副主席刘敬民以及北京奥组委执行副主席蒋效愚同在一辆离美方指挥车不远的车上。整个车队被布置在我们下榻的旅馆附近，而不是火炬传递的起点，这是随时准备改换路线的重要一环。

下午 1 时 15 分，北京奥运会境外圣火传递第六站旧金山的传递开始了。美国奥委会代表贝林厄姆在起跑仪式上简短致辞，圣火护卫手用火种灯点燃了火炬，北京奥组委火炬接力中心主任、境外运行团队总指挥柳纪纲接过火炬进行现场展示，随后交给了贝林厄姆，现场爆发出雷鸣般的掌声和欢呼声。

这时的中国湾公园码头起跑仪式现场，背景是旧金山巨人队棒球场，主席台上悬挂着"点燃激情，传递梦想"的条幅，格外醒目。赫尔曼广场也是一派节日气氛，当地文艺团体中西歌舞表演轮番进行。但外围有不少"藏独"分子在聚集，图谋实施破坏。

在湛蓝色的天空背景下，第一棒火炬手、前中国游泳选手、奥运冠军林莉接过火炬，高高举起向欢呼的人群致意。按计划林莉手持第一棒火炬跑出50多米，进入附近的40号码头仓库，乘车离开。

改换传递路线是从第二棒开始的。在火炬传递起跑仪式结束前后，少数"藏独"分子采取无赖手段，横躺在火炬传递车队必经的马路中央，运送圣火盆前往终点的汽车也被"藏独"分子堵在半路上，汽车玻璃被"藏独"分子砸碎。运行车队已无法按照计划使用原路线进行火炬传递了。

为了确保火炬传递安全，纽森市长和尤伯罗斯找到我，就拟改变路线征求中方意见，我同敬民、效愚商量后，复告美方，安全第一，我们尊重美方的意见。根据空中巡逻的直升机报告的路况信息，市区东部滨海大道支持和反对者较集中，可到市区西部横贯南北的 Van Ness 大道与 Pine 街交汇处点燃第二棒火炬，而这个交汇处恰好离车队所在地不远。双方就改变路线达成一致后，车队立刻出发。

火炬沿 Van Ness 大道、Bay 街和 Marina 海滨绿地、艺术宫、旧金山湾和金门大桥等景点向前传递，全长约 5 公里。下午 3 时 20 分，最后一棒火炬完成传递。

火炬传递吸引了许多美国民众，他们自发地向车队鼓掌、欢呼。一些人闻讯而来，挥舞着五星红旗和奥运五环旗，为奥运火炬加油、喝彩。也有少数"藏独"分子从其他地方赶到，企图以过激行动阻挡传递，都被警方制止。值得一提的是，许多支持火炬传递的爱国华人从市区东部跑到西部，为火炬护驾。其中一位手举一面大号五星红旗，一路奔跑随行，从空中传回的画面看，这面红旗始终伴随着运行车队，坐在车内的中方火炬传递团队无不为之感动。

事后我翻阅了外电和外报有关报道，有一则消息说，路上有一些围观的人群，但都不是有组织的。几个零星的"藏独"分子被警察按倒在地，整个火炬传递活动平稳结束，没有出现巴黎的骚乱。在原来的路线上人们翘首等待火炬的来临，几个小时过去了，火炬迟迟没来，老人撑不住了，拿出随身的小椅子坐在边上。人们还是坚守在那里，手里不停地舞动着五星红旗和奥运会旗。这则报道还算客观。

传递结束后,火炬手们都很兴奋,但也稍感遗憾,他们对"藏独"企图破坏圣火传递感到义愤。

所有78名火炬手跑完后(原定80名火炬手,一名大学生火炬手错过时间,另一名美方火炬手违反承诺,在起跑时拿出藏在身上的"藏独雪山狮子旗",企图制造事端,被护跑的陈枫在第一时间发现,并被警方驱除),在旧金山国际机场休息大厅举行庆典仪式。唯一的遗憾是,由于仪式在室内举行,没有办法点燃圣火盆。

旧金山圣火传递改变路线这个境外传递的"最具戏剧性"场景,很有一些与"藏独"分子斗智的味道,可谓惊心动魄。为保证火炬传递安全而改变路线,这一决定无疑是正确的。有的美国媒体想看笑话,派了直升机沿途拍摄,结果空手而归。

为何"对华示强"永远有市场

1987年,我从外交部翻译室重返美国,担任中国驻旧金山总领馆的副总领事。

我在旧金山工作的三年时间里,遇上了一桩跨国贩毒案,很快,中美警方联手破获了案件。出于双方共同禁毒的立场考虑,中方同意让中国的罪犯到美国法庭做证。但没想到,犯人到美国后竟然申请政治避难,而美方居然同意了。

最终，中国警方向美方表示抗议，并在双方司法合作方面采取了反制措施。这场外交事件，后来还被拍成一部电视剧，叫《无国界行动》。

我当时在旧金山经手处理这个案子。此案使我了解到美国社会很复杂，有多种政治力量。很多事你必须要从多种角度来考虑。

美国国会为何总是通过对华消极议案

美国国会在中美关系中是一个既可扮演促进者，也可成为促退者的角色。至于在这两者之间做何选择，全在 435 名众议员和 100 名参议员的一念之间。

中美建交以来，美国国会两院通过的涉华议案难以计数。相信没有人统计过这些涉华议案中积极的与消极的各占多少，就我记忆所及而言，恐怕是消极的议案远多于积极的议案。

究其原因，这与美国的政治体制不无关系。

美国实行三权分立，总统不是从获得两院多数席位的政党领袖中产生，致使行政部门与立法部门立场相左的情况经常发生，尤其是遇到总统与国会两院多数党分属不同政党的时候，更何况还会出现国会两院的多数席位分属两个党的情况。现在美国国会众参两院分属共和党与民主党。

近年来，美国国内政治因议员选区重新划分越来越两极化，其后果是国会两院党争不断，相对务实、温和的议员或者落选，或者主动退选，任何问题都可能被政治化。

在此背景下，美国国会两院时常不顾中国政府及一些深具影响力的美国工商团体反对，执意表决通过一些对华不利的议案，也就不足为怪了。

回想起来，我们对美国国会在美国政治生活中的地位和作用有个认识过程。

建馆初期，中国驻美国使馆仅在负责双边政治事务的政治处安排了一位外交官负责同国会打交道，而现如今，中国驻美国使馆已设有国会事务处，共有十多位外交官负责联系国会两院。经过多年的努力，中国驻美国使馆的对美国国会工作有了很大发展。

我前后三次在中国驻美国使馆工作，结识了诸多美国参众议员，其中有1995年5月9日当邀请李登辉访美案在参院付诸表决时投下唯一反对票的约翰斯顿参议员，也有多年来美国国会参院内的反华旗手赫尔姆斯参议员。

1997年1月，我作为驻美使馆公使参加美国北卡罗来纳州亨特州长就职典礼时，该州的共和党联邦参议员赫尔姆斯就坐在我身旁。赫尔姆斯时任参院外委会共和党资深议员，他对我彬彬有礼，但很冷淡。

如何让美国人更积极地看中国

美国议员的对华态度取决于他所在选区的经济利益，也取决于他所在选区和中国经济关系的密切程度。例如，美国参议院在2011年年底通过了一个关于人民币汇率的议案，认为人民币应该升值。表决结果为60多票支持，30多票反对。

反对的参议员中，我想提四个人。其中两人是美国中部密苏里州的参议员，他们很希望密苏里州成为美国中西部对华贸易的枢纽，一直希望我们能够开通航班，在国内有关部门的努力下，已经开通了一周一次的货运航班。所以这两位参议员反对汇率议案。我想他们投反对票，是出于发展密苏里州和中国的经贸关系的长远考虑。

另两位是华盛顿州的参议员，因为华盛顿州和中国的经贸往来非常深入，华盛顿州是波音公司的所在地，也是星巴克总部所在地，星巴克门店遍布中国。所以，只要把议员所代表选区同中国的经贸关系搞好，自然会影响到他们的投票态度。

要让美国人更加积极地看待中国，首先应该加强和地方政府的联系。

美国联邦政府和地方政府分权，联邦政府对地方事务管得不多。和地方政府建立良好关系，有助于我们在当地投资或开厂。现在国内越来越多的人认识到了这一点。这几年中美州长论坛、市长论坛办得越来越好，还应该进一步加强。

其次，应加强和美国中西部各州的联系。

美国是世界农产品大国，而中西部既是农业区，又是制造业集中的地方。美国在农产品出口上依靠中国市场，近两年美国出口的大豆和棉花各有63%和27%出口到中国。美国的农产品一旦对华出口不畅，美国农场主们就会心急如焚，而他们又是组织严密的群体，成立了美国农场主协会，对国会的影响很大。所以，加强和美国中西部州的联系很重要。

写到这里，我想起自己在担任驻美大使期间两次腹地之旅的经历。

2005年11月初，我应邀访问了全美第二大农业州艾奥瓦州。在交流中，我介绍了中美经贸关系的现状和巨大发展潜力，强调通过对话妥善处理中美经贸摩擦分歧符合双方共同利益。出席活动的艾奥瓦州人士纷纷表示赞同，称绝不能让美中农产品贸易受到影响。

当时的州长维尔萨克向我表示，中国从艾奥瓦州进口大量农产品，中国出口到美国的商品价廉物美，艾奥瓦州人民从美中贸易中受益匪浅。作为一州之长，他热忱欢迎中国成为艾奥瓦州的投资者、供应商和客户。他同时也对那些阻挠美中经贸合作的联邦议员提出批评，认为他们应该认同贸易和竞争，而不是搞贸易保护主义。

离开州长办公室，汽车行进在广袤的艾奥瓦州大地上。车窗外艾奥瓦河静静地流入密西西比河，收割完毕的无垠秋田上矗立着一座座粮仓。艾奥瓦州各界人士支持中美友好和互利合作的热情表态在耳边回响,为我驱走了初冬的寒凉。

半年后,在老朋友、美国全国商会会长多诺霍邀请下,我前往在美国中西部的内布拉斯加州和密苏里州举办的美中经贸论坛发表主旨讲话。当时美国国会和媒体均有人散布言论说,中方的不公正贸易策略正侵蚀着整个美国的工业,对中方大加挞伐。美国全国商会认为应让美公众了解真相。作为驻美大使,我必须尽快将实际情况和中方的观点立场告诉美国各界,消除他们将中美贸易不平衡怪罪于中方的误解。

短短的几天行程中,我逢人便讲中美贸易,尽力让更多的中西部人士正确了解中国遭受的不公正待遇。我的努力获得了回报——内布拉斯加州的共和党联邦参议员哈格尔表示,美中之间拥有广泛的共同利益,也存在不少分歧。双方应以合作而非对抗的态度处理两国间的分歧。密苏里州副州长金德和共和党联邦参议员邦德则异口同声地强调,美中虽然语言文化不同,但都希望为各自的人民创造繁荣。中国是美国在世界上增速最快的出口市场,密苏里州必须抓住中国发展所提供的重要商机。

两次腹地之行让我对发源于斯的美国拓荒精神有了新的感悟。在约200年前的"西进"与"南下"大迁徙中,美国先民们以荒野为家,与自然共存,一切都靠自力更生、艰苦奋斗。自尊、自强、自立的精神深深融入美国人的文化基因。而这种精神又何尝不是几千年中国文化精髓的一部分，我们又何愁找不到密西西比河与长江的交汇与互通呢？在与中西部各界人士交流的过程中，我真切体会到，尽管两国之间存在着历史文化、社会制度等种种差异，但是只要我们不断加深相互了解和理解，两国人民就能成为朋友和伙伴。

马克·吐温在自传中写道："肤色和条件横加给我们一条难以捉摸的界限。"但两次腹地之旅使我看到，中美人民之间的"界限"其实并不是深沟大壑。既然荒野可以变成良田，村庄可以变成城市，那么在这个世界上，只要人们不懈奋斗，就没有办不到的事情。我深信，随着中美两国人民不断奋力开拓，中美关系的沟沟坎坎一定会变成沃土良田。

国会山里的"中国力量"

我同美国国会打交道多年，过手的案子数不胜数，其中令我至今难忘的是美国国会众院"美中工作小组"的成立。

说实在的，开始我并没有太重视这件事，原因是两位发起人——伊利诺伊州共和党联邦众议员柯克和华盛顿州民主党联邦众议员拉森当时均属名不见经传的新议员，但时过不久，我就感到柯克、拉森后生可畏。

"美中工作小组"成立始末

果不其然，柯克2010年11月当选为伊利诺伊州共和党联邦参议员，拉森成为美国国会众院军委会以及运输和基础设施等重要委员会的成员。

我清楚地记得柯克和拉森发起成立美国国会众院"美中工作小组"是在2005年6月。小组成立前夕，两位议员给我写了信，介绍他们发起成立这个议员团体的宗旨，并邀请我参加"美中工作小组"的成立仪式。

柯克、拉森说，21世纪的历史在很大程度上将由美中两个国家来写就，美国应该增强对中国的了解、沟通与合作，而美国国会加强与中方的对话和联系对美中关系至关重要。"美中工作小组"将致力于促进美国国会对美中关系的了解和参与。该小组准备举行经常性的会议，让议员们听取中美商界、学术界和政界领袖对中美关系有关问题的意见和看法，帮助国会在中美关系问题上形成共识。

柯克、拉森发起成立众院"美中工作小组"，对于增进美国国会对中国的了解、推动美国国会积极参与发展中美关系的工作是一件好事。我欣然接受了他们的邀请，出席了2005年6月6日在众院瑞本办公楼举行的"美中工作小组"成立仪式。

我在致辞时说，美国国会作为美国政府的一部分，在中美关系发展中理应发挥更大、更加积极的作用。我和使馆的同事们愿意与国会的朋友们建立良好的工作关系，就大家关心的中美关系有关问题进行坦诚、建设性的交流和对话。

柯克在接受记者采访时明确表示，该小组将致力于推动美中两国在 21 世纪发展全面的战略伙伴关系。拉森也表示，只有充分理解中国的历史、未来和中方的意图，美国才能做出最好的决策，美中两国之间存在着一些分歧和争吵，但双方合作比对抗要好得多。

"美中工作小组"成立后不久，发生了中国海洋石油公司收购美国优尼科石油公司受阻一事。

一些美国国会议员在美国国内利益集团的大力游说下，将这起正常的商业收购政治化，渲染中国将借此影响美国石油供应和经济安全。当时的众院资源委员会主席庞博等人在众院提出了两项决议案，要求由美政府财政部、商务部等部门的代表组成的美国"外国在美投资审查委员会"禁止中海油收购优尼科公司。

在审议这两项议案时，柯克众议员发言表示反对，明确表示美国国会不应该将正常的商业活动政治化，这对美中两国和有关企业都没有任何好处。在对庞博等人提出的两项议案进行表决时，柯克、拉森以及"美中工作小组"的几位成员都坚定地投下了反对票。事后，柯克在接受美国记者采访和演讲时说，他支持美中关系发展，反对以消极眼光看待中国和美中关系，反对"中国威胁论"，他不怕因此而被说三道四。

不久，柯克、拉森联名在《中国日报》《人民日报》发表文章，表示中国的崛起对美国不是威胁而是机遇。在21世纪，中国对美国的影响是其他任何国家所不能比拟的。美中建立牢固的外交伙伴关系，将使两国以及世界人民拥有稳定、经济繁荣以及和平的未来。美中双方必须将两国关系作为头号外交重点。美中两国在许多领域进行了良好合作。中国在朝鲜半岛核问题六方会谈中发挥了重要作用；中国与世界卫生组织就抗击禽流感开展合作是全球卫生合作的重要部分；中国在联合国维和行动中发挥着越来越大的作用，体现了中国对国际和平与稳定的负责任态度。

2005年10月间，中国文化部、北京市人民政府在华盛顿肯尼迪艺术中心举办了规模空前的"中国文化节"，900多名来自中国以及美国的艺术家向美国人民展示了40多台精美的中国艺术表演。这是中美两国之间一项历史性的文化交流活动，在美国，特别是在首都华盛顿市引起了很大的轰动。"中国文化节"举办期间，柯克、拉森和当时担任众院外委会亚太小组委员会主席的吉姆·利奇等众议员联袂提出了一项决议案，对"中国文化节"表示支持。

值得一提的是，利奇众议员2009年初离开国会，后又回到了华盛顿，被奥巴马总统任命为美国国家人文基金会主席，继续参与中美在人文领域的交流工作。

增进美中交流的收获

在美国国会,像"美中工作小组"这样由议员自发组成的议员团体很多,大大小小足有上百个,绝大多数活动不多,甚至是名存实亡,而"美中工作小组"却一直很活跃,并做了许多实实在在的事情。

小组经常邀请美国行政部门的一些高官以及前政要、学者到国会,向议员们介绍中美关系情况,并与议员们就中美关系中的一些问题交换意见和看法。财政部长保尔森和盖特纳、商务部长古铁雷斯和骆家辉、总统国家安全事务助理琼斯、前国务卿基辛格和奥尔布赖特、美中关系全国委员会会长欧伦斯、美中贸易全国委员会会长傅强恩、约翰·霍普金斯大学著名中国问题专家兰普顿以及我本人都曾应"美中工作小组"的邀请,与美国国会议员们就中美关系进行过对话与沟通。

同时,"美中工作小组"也积极参加中国领导人访美时的有关活动,与来访的中国各部委负责人以及各种团组进行交流。

2006年4月胡锦涛主席访美期间,柯克、拉森以及中国全国人大与美国会参院交流机制美方负责人、参院临时参议长史蒂文斯和井上健参议员等一起,在胡主席下榻的布莱尔国宾馆与胡主席进行了热情友好的交谈。

中美战略与经济对话以及此前的中美战略对话、中美战略经济对话在华盛顿举行期间,"美中工作小组"每次都会组织一些议员,与副总理吴仪、副总理王岐山、国务委员戴秉国等中方领导人就中美关系中的一些重大问题进行对话,柯克、拉森等议员也成了这几位中方领导人的老朋友。

柯克是美国会议员中为数不多的预备役军官之一,众院"美中工作小组"成立时,柯克仍是海军预备役少校,每年要花几周时间在海军服役。拉森虽然没有从军经历,但作为波音飞机最大装配厂所在地的众议员,他也很关心美国国防政策和国防建设问题,是众院军事委员会的成员。因此,两位议员对促进中美两军交流也非常积极和热心。

"美中工作小组"成立后不久,柯克、拉森就积极推动美国防部与中方商谈建立两国国防部热线。2007年11月,中美双方宣布建立两国国防部直通电话,也就是通常所说的热线,这是中美两军加强互信与合作的一个重要举措,其中也有柯克、拉森以及"美中工作小组"的一份贡献。中国军方领导人访美期间,"美中工作小组"也都积极参加了有关活动。

"美中工作小组"成立后,柯克、拉森两位议员基本上每年都会率团访华,与中国国家领导人、军队负责人以及外交部、商务部、发改委等部委的负责人就中美关系深入、坦诚地交换意见和看法。

2006年年初"美中工作小组"代表团第一次访华时，经全国人大外委会积极努力，柯克、拉森等赴酒泉卫星发射基地参观，这是酒泉卫星基地第一次对美国客人开放，给他们留下了深刻的印象。此后，柯克、拉森努力推动美中两国在航天领域的合作，对促成美国国家航天局局长格里芬2006年9月访华起到了一定作用。这也是美国国家航天局局长首次访华。

2007年夏天，柯克、拉森率团访华期间，又参观了中国载人航天中心，航天英雄杨利伟接待了他们。我离任之前拜访两位议员时，在他们的办公室里看到了杨利伟和他们的合影照片以及"神舟六号"的模型。

作为立法机构，美国国会的大量工作是对议员们提出的各种法案、决议案进行审议。提出和推动法案、决议案，则是议员们推行自己的政策主张、参与和影响决策的主要手段。"美中工作小组"积极利用立法手段，在国会积极推动中美关系的发展。

2006年，柯克、拉森、伊斯雷尔、苏姗·戴维斯四位"美中工作小组"成员分别领衔，在众院提出了"美中竞争力议程"四项法案，要求美政府采取措施，加强美中在外交、经贸、文化、能源等领域的合作。2009年，他们再次提出了这四项法案。由于多方面原因，这些法案和国会每年提出的绝大多数法案、决议案一样，都没有最终审议通过，但提出这四项法案本身就已经具有积极意义。

美国国会在处理外交事务时，历来有戴着有色眼镜看别人的倾向，往往看别人的问题多，看别人的成绩少；往往对抗性多，而建设性少。在涉华问题上，这种倾向表现得尤为突出。"美中工作小组"在国会发出了推动美中关系发展的建设性的声音，这对于促进美国国会增进对中国的客观、正确了解，对于促进美国会积极参与中美关系的健康稳定发展，取得了看得见的积极效果。

我和柯克、拉森两位议员在工作中建立了很好的工作关系和个人友谊。他们两位对中美关系发展倾注的热情，给我留下了十分深刻的印象。他们分别来自共和、民主两党，在一些问题上自然会站在本党的立场上，但在促进中美关系发展方面，两人却保持着一致和密切合作，彼此也成了很好的朋友。

专门报道美国国会新闻的《国会山报》有一个小栏目，每期登载一篇对某个议员的简短采访，其中一个固定问题是让议员说出自己在国会最好的朋友，柯克、拉森的答案都是对方的名字。在美国国会这个两党严重对立的地方，两位众议员在致力于推动中美关系发展的过程中结下了深厚的个人友谊，这也可以说是一段佳话吧。

2009年，柯克宣布竞选伊利诺伊州联邦参议员，开始将主要精力投入竞选。为了让"美中工作小组"的工作不受影响，柯克推荐了他的另一位朋友、来自路易斯安那州的共和党联邦众议员查尔斯·布斯坦尼，接替他担任"美中工作小组"共同主席一职。布斯坦尼也和柯克一样，与拉森密切合作，热情地投入了"美中工作小组"的工作。柯克就任参议员后，在2011年发起成立了参院"美中工作小组"，并与2004年大选民主党副总统候选人、来自康涅狄格州的利伯曼参议员一起担任小组的共同主席。

在我结束驻美大使任期，同柯克、拉森话别时，他们都对我表示，他们将分别在美国国会参院和众院把促进美中友好的事业推进下去。我相信他们这么说，也会这么做。我在此祝愿他们成功。

钱太多，民主还剩多少

2016年是美国的总统选举年，从美媒体报道看，"金钱政治"又活跃起来。

4月18日，希拉里的车队在洛杉矶被示威者投掷美元，讽刺她"已被金钱蒙蔽"。希拉里的竞选团队宣称计划筹集25亿美元竞选经费，也遭到很多质疑。4月19日，作为2.0版的"占领华尔街运动"，"民主之春"抗议示威已进入第九天，但却遭美主流媒体漠视，以致示威群众喊出了"CNN[①]你在哪里"的问题。这次"民主之春"抗议活动矛头直接指向金钱操控选举。

据报道，2016年美大选在电视竞选广告上的花费将突破50亿

[①] CNN，美国有线电视新闻网。——编者注

美元，这意味着传统媒体早已成为"金钱选举机制"的一部分，难怪美主流媒体漠视"民主之春"的示威活动。"金钱政治"也迫使美两党候选人筹募巨额竞选经费。据哈佛大学肯尼迪政府学院与悉尼大学政府和国际关系学院日前共同完成的"选举公正项目"报告称，美91%的选举都是由获得最多资金支持的候选人赢得。美国民间组织"代表我们"统计称，过去5年中，在美国内政治上十分活跃的200家企业共耗费58亿美元用于联邦游说和竞选捐款，而这些公司从联邦政府的生意和支持中得到4.4万亿美元的回报。这意味着，美大企业为影响美政治每花费1美元可以获得760美元的回报。

第七章 未来十年，中美关系向何处去

有人说："中美关系注定是 21 世纪最令人牵挂和着迷的世界故事。"

美国既是中国在国际事务和对外经济贸易中的重要合作伙伴，又是牵制我国发展、影响我国安全、妨碍我国和平统一的最大外部因素。推动中美关系稳定发展，处理、管控好中美之间各种问题和摩擦，事关为我社会主义现代化建设争取和平稳定的外部环境并延长我国重要战略机遇期。

未来 10 年，中美两国是重蹈历史上新兴国家与守成国家往往陷入战略对抗的覆辙，还是沿着不冲突不对抗、相互尊重、互利共赢的新型大国关系之路走下去，这不仅关乎中美两国人民的福祉，而且将决定亚太地区乃至世界的和平、稳定与可持续繁荣。

决定中美关系未来走向的力量何在

2012年8月,伦敦奥运会见证了中美这两匹领头快马的奖牌大战。《今日美国》当时称,中美在伦敦奥运舞台上的激烈竞争不过是两国围绕全球事务争夺的一个缩影。

奥运金牌总数第一,是综合国力强盛的一种标志。2012年是美运动员连续第五次在夏季奥运会中把最多的奖牌带回国。而中国正在奋起直追,中国从1984年第23届洛杉矶奥运会开始参加奥运会,直到2012年第30届伦敦奥运会,共计获得201枚金牌。2012年,中国在伦敦奥运会的金牌榜上名列第二。

中国的赶超不限于奥运,而是全面的。2010年,中国制造业产值超过美国;2011年,中国发电量超过美国;2012年,中国贸易总额超过美国;据测算,中国GDP将在2020年超过美国。当然,人均GDP等指标和文化等"软实力"水平,目前中国与美国的差距还是很大。

对此,美国人反应不一。哈佛大学教授、"软实力"概念的提出者约瑟夫·奈的看法代表了美国的自信。他认为,中国不会超越美国成为世界第一强国,理由有三:从经济指标看,中国经济虽在增长但需克服转型挑战,且中国经济没有美"尖端",如中国生产苹果手机却只能获取很小一部分利润;从军事指标看,美国军费开支大,至少是中国的 4 倍,中国军力无法与美国相比;从软实力指标来看,中国对软实力的投资尚未获得应有的回报。

毫无疑问,中美各有优势。

2015 年 7—8 月号美国《国家利益》杂志认为,美国开放的政治体系将继续为它带来长期与高速的经济增长、进入国际金融市场的更好途径、强大的同盟以及国际危机和战争中的更优表现。美国模式和美国文化仍将是其软实力的一个重要蓄水池。美最明显的优势是其占统治地位的军事优势。美《国家利益》由私人基金会创办于 1985 年,现是美国三大外交期刊之一。该杂志在冷战中持保守强硬观点,冷战末期该杂志发表了福山的《历史的终结》一文,引起了一场关于冷战后国际形势及美国面临的新任务的大辩论。该杂志对美优势的看法反映了这场辩论的结果。显然,美国需要更客观地看自己,从大国兴衰的历史中吸取教训。

在我看来,中国的优势在制度。美著名未来学者奈斯比特认为,中国的制度优势有利于激发发展活力并保持政策的稳定性和连续性,这对经济发展至关重要。印度观察家研究基金会研究员乔希认为,中国正朝着成为富裕国家的目标前行,实现这一目标的种种途径正摆在面前:既有"一带一路"倡议将中国与外部经济体融合连通,又有《中国制造 2025》指引产业升级,再有专项建设基金撬动城镇化所需的交通、宽带、电信等服务供给,倡导绿色环保的经济生态，鼓励扶持中小企业的创新发展。摩洛哥前贸易大臣迈沙胡里认为，中国发展道路的一大特点是更注重整体的协调发展，注重经济、政治、社会、文化和生态文明建设的齐头并进。他认为，中国制度和发展道路的巨大成功，与中国共产党强有力的领导密不可分。德国波恩大学政治与当代史教授哈克认为，社会主义制度、中国共产党领导、改革开放是当代中国发展模式的最主要特征。过去 30 多年中国社会经济发展取得的成就，与改革开放密不可分，而当下改革开放依然是中国持续稳定执行的基本政策。上述外国学者或前政要对我制度优势的看法十分中肯，我认为都抓住了中国优势的核心。

回顾既往，历史并未因冷战结束而终结，而是继续向前发展、进步。历史车轮滚滚向前，顺之者昌，逆之者亡。生活在西方基督教文明中的马克思深信未来会有理想世界，并为之奋斗终生。我们愿意和美国一道把各自的优势用于帮助别人，发展自己。最好的希望在未来。

"太平洋足够大，容得下两个大国"

2012 年 2 月，习近平作为国家副主席访美时，就从战略高度明确提出，中美两国应始终抓住共同利益这一主线，走出一条大国之间和谐相处、良性互动、合作共赢的新型合作伙伴之路,为世界树立前无古人但后启来者的典范。

习近平副主席提出的这个战略性提议,很快引起美国高层的重视。2012年3月,希拉里国务卿在美和平研究所发表演讲做出回应,她表示,美中两国需要为新兴大国和守成大国相遇的老问题寻找新答案。4月,她在美国海军学院就美国亚太战略发表演讲时也谈到,中美两国力争在合作和竞争之间达到一种稳定和彼此都能接受的平衡,这是前无古人的。她强调一个蒸蒸日上的中国对美国有利,一个蒸蒸日上的美国对中国有利。

正是基于这一相同愿望,中美双方决定2012年5月的中美第四轮战略与经济对话以"构建中美新型大国关系"为主题。胡锦涛主席在这次对话会的开幕式上,专门以"推进互利共赢合作 发展新型大国关系"为题发表演讲;此后,习近平副主席在访美时特别强调,要以"不到长城非好汉"的勇气和"摸着石头过河"的智慧,去探索建立中美新型大国关系之路。

党的十八大之后,习近平主席在会见美国前总统卡特时进一步明确提出:新形势下,中美双方要不畏艰难,勇于创新,积累正能量,努力建设相互尊重、互利共赢的合作伙伴关系,开创中美构建新型大国关系的新局面。

2013年6月,习近平主席在加州安纳伯格庄园与奥巴马总统会晤时，系统阐述了中方对建立以不冲突不对抗、相互尊重、合作共赢为特征的中美新型大国关系的主张。奥巴马总统表示，愿与中方共同努力推进这一目标。

2015年9月，习主席对美进行国事访问，同奥巴马进行了长时间的正式会谈和自由交谈。习主席事后称之为"白宫秋叙"。习主席向奥巴马强调指出，改革开放是中国的基本国策，也是推动中国发展的根本动力，中国改革开放的大门永远不会关上；太平洋足够大，容得下中美两国发展。实现中美不冲突不对抗、相互尊重、合作共赢，是中国外交政策的优先方向；事实表明，构建中美新型大国关系这一目标完全正确，双方应沿此方向走下去；我们将坚定维护自身主权、安全、发展利益。奥巴马表示他不认同守成大国和新兴大国必将进入"修昔底德陷阱"。大国尤其是中美之间更要尽量避免。我相信中美两国有能力管控好分歧。对"白宫秋叙"各方均予高度评价，认为习主席此行使中美双边关系发展方向得以积极正面确认；中美战略互信水平得到提升；中美互利共赢合作得以拓展；两国人民友谊得以升华。

2016年3月，习主席出席第四届核安全峰会期间会见了奥巴马，双方发表了《中美核安全合作联合声明》，同意共同致力于通过减少核恐怖主义威胁，营造和平稳定的国际环境，并使全球核安全体系更加包容、协调、可持续、强有力，以实现共赢和共同安全。中美核合作提升了中美新型大国关系的内涵。

综上所述，构建中美新型大国关系的意义，主要体现在以下三个方面：

其一，2010年中国经济总量超过日本成为世界第二大经济体后，美国朝野开始关注中国经济总量何时超过美国，有人说是2020年，也有人说是2030年，但都开始思考中国的经济总量一旦超越美国可能会给美造成哪些后果。一些美国分析家基于历史宿命论和国际政治现实主义理论的逻辑，强调新兴大国的崛起必然会导致与守成大国的冲突，认为中国的崛起也将不可避免地带来中国与美国的冲突，美国应做好准备。在此背景下，习主席提出构建中美新型大国关系，就是要在新的时代条件下避免中美关系重演过去大国政治的悲剧，突破历史宿命论的窠臼，谱写新兴大国与守成大国关系的新篇章。

其二，在奥巴马第一任期内，美国推进重返亚太战略，加大了对亚太的资源投入，政治、经济、军事多管齐下，重点是制衡综合实力和国际影响快速上升的中国。在此背景下，中美在亚太地区的分歧摩擦增加，战略竞争态势突出。这一趋势发展下去，就有可能导致中美在亚太迎头相撞，从而危及中美双边关系并损害亚太地区的和平与稳定。有鉴于此，习主席提出"太平洋足够大，容得下中美两国发展"的开放性思维，提出中美不冲突不对抗、相互尊重、合作共赢的新理念，有助于抑制和减少中美在亚太地区的对峙与摩擦，有利于中美在亚太培育和增加良性互动。

其三，中国作为正在崛起的新兴大国，坚持走和平发展的道路，对外秉持"和平、发展、合作、共赢"的理念，是中国的战略选择。而能否处理好与当今头号大国美国的关系，是对中国作为后起大国的外交理念与实践的考验。习主席提出要和美国发展新型大国关系，是对中国外交理论和实践的重大创新。我们提出新型大国关系，不是要挑战美超级大国的领导地位，也不是要同美平起平坐，更不是搞中美共治，而是实现最大发达国家与最大发展中国家之间的良性互动和最大限度的积极合作，目的是减少双方的战略互疑，并减少外界对中美战略关系的负面预期。

走笔至此，我回想起 2012 年 11 月，基辛格和德国前总理施密特在德国汉堡举办的中欧汉堡峰会上讲的一段话。两位老人联袂登场，语惊四座：中国不会背弃自己和平发展的传统，西方也不必为中国崛起而产生恐惧甚至对抗的思维。如果有一天中国真的在新的国际体系中占据了更多主动地位，而西方则走向了衰落，对于西方人而言，首先应该做的不是指责中国的崛起，而是应该反思，自己做错了什么，使得自己走向衰落。

中美新型大国关系，"新"在哪里

中美新型大国关系的构想是大战略，其核心是走出一条大国之间和谐相处、良性竞争、合作共赢的新型道路。那么，它"新"在哪里？

第一，"新"在抛弃了传统大国冲突对抗逻辑，同意发展利益攸关两国、你中有我、我中有你的新型大国关系。这同以往任何新兴大国崛起的轨迹都有所不同。

早在 20 世纪 70 年代中国还处于贫困落后的欠发达条件下，邓小平同志就郑重地向全世界宣告：中国永不称霸，即使今后强大了，也不称霸。自那以后，世界格局发生了根本性变化，特别是邓小平同志 1978 年发起和领导的中国改革开放进程，在推动中国迅速崛起的同时，也极大改变了中美之间的力量对比。

在国际关系史上，人类社会经历了太多的守成大国与新兴大国之间的战略竞争所带来的热战和冷战，以至于从古希腊思想家修昔底德以来的众多历史学家和国际关系理论家包括马克思主义大师，均纷纷从不同的角度并运用不同的方法论，总结出守成大国与新兴大国的权力转移过程必然导致战争这一结论。而当今的西方学者，仍在运用同样的历史思维定势，分析和判断中美关系的未来。美国哈佛大学贝尔弗尔科学与国际事务研究中心主任格雷厄姆·阿利森就怀疑中美能否避开"修昔底德陷阱"。

对于这样一个事关中美关系未来走向、事关全球和平与发展趋势的战略性问题，习近平主席在2015年中美元首会晤时明确宣告，中国崛起的进程将走出一条完全不同于以往帝国主义新兴大国的全新道路，即寻求互利共赢的合作与和平之路。这是在新的历史条件下，对邓小平同志关于"永不称霸"庄严承诺的具体重申和实践，也是基于中美两国共同利益以及世界和平与发展的时代潮流，所做出的历史性、战略性决策。

第二，"新"在不是"你输我赢"的零和关系，而是互利共赢、稳定和可持续发展的关系。

中美关系的基础在于中美相互依存日益紧密，以及双方在全球化潮流中共同面临着广泛的共同挑战和利益。这一点同历史上大国之间战略争夺和"权力转移"的"零和"关系完全不同。

冷战后，人们对核武器可防止核国家之间发生战争的认识进一步深化，这在很大程度上改变了大国竞争的战略行为。中国核武水平的提高，使得中美之间发生直接战争的可能性越来越小，中美双方都清楚地意识到，迎头相撞的代价太高。中美关系只有一个未来，那就是合作共赢，这是大势所趋，也是人心所向。

发展依然是当代中国的第一要务。按照联合国标准，中国还有2亿贫困人口，按中国自身标准，中国还有7000万贫困人口，还有8000多万的残疾人；中国人均GDP才排到世界第90位，还有很长的路要走。中国坚持走和平发展道路、坚持改革开放的政策不会改变。

从民间层次来讲，中美友好由来已久。第二次世界大战时中美就是盟国，虽然过去双方曾经一度互不来往、相互隔绝，但从老百姓内心来讲，对对方文明的好感始终存在。习主席访美首站到访西雅图，无论在波音公司，还是在微软或林肯中学，欢迎的场面都非常热烈，也非常感人。这充分说明中美友好深植人心。

第三，还"新"在即使在双方摩擦冲突相对集中的亚太地区，双方关系的主流仍是寻求合作，避免摩擦冲突激化。

在可预见的将来，亚太地区将是中美两国利益交汇和摩擦最为集中的地区。

尽管中美关系在该地区面临许多矛盾和分歧，但是两国都需要并希望拥有一个持久和可预期的地区和平与稳定，以便亚太地区的经济能够实现可持续发展与繁荣；同时，中美两国自身的可持续繁荣，越来越依赖于亚太地区的可持续和平与发展。这两点构成了中美两国能够在亚太地区求同存异、加强管控分歧的基础。

截至目前，中美构建新型大国关系的实践取得了一系列积极成果。

首先，两国领导人创新了互动的形式并多次进行了建设性对话。

2013年6月，习近平主席与奥巴马总统在安纳伯格庄园会晤，开创了中美元首互动的新模式。此次会晤抛开了以往国事或工作访问的礼仪程序，把时间尽可能留给两位元首面对面对话，双方交流超过8个小时。两位元首既谈各自国内情况和治国理政经验，也谈经济金融问题，还涉及朝核、气候变化、网络安全等地区和全球性问题。谈话注重推进双方在双边和多边层面上的合作，也不讳言彼此对一些问题的立场和看法的分歧。其形式之新、互动时间之长、议题之广、交流之深在中美关系史上都是前所未有的。

2014年11月，奥巴马在参加完北京亚太经合组织领导人非正式会议后对中国进行国事访问，核心内容是与习近平主席的会晤。习主席和奥巴马先在中南海瀛台夜话（包括散步、小范围会晤、晚宴和茶叙），然后在人民大会堂举行正式会谈。瀛台夜话主要围绕治国理政进行交流，而正式会谈则主要讨论双边关系与国际问题。两国领导人在两天10个小时的互动中深度对话，双方都形容会晤是"建设性的"、"坦诚的"、"真诚的"、"深入的"和"富有成果的"。奥巴马还表示，瀛台夜话"进一步加深了我对中国的情况以及中国政府和领导人执政理念的了解。我更加理解中国人民为何珍惜国家统一和稳定"。

其次，中美两国共同努力，在双边和多边领域取得了不少收获。

2015年中美双边贸易额中方数据是5500多亿美元，美方数据为5900多亿美元，中国一跃成为美国最大的贸易伙伴，而且后续增长动力非常强劲。中美经贸合作是中美关系的一大亮点，也可以说是双边关系的压舱石。

长期以来，两军关系一直是双边关系的短板。两国元首在安纳伯格庄园会晤时一致同意改善和发展两军关系。两年来，两军关系在高层及各级别交往、机制性对话和磋商、中青年军官交流、联演联训等方面取得一系列重要进展。

2014年夏，中国首次应邀参加美国主导的"环太平洋军演"，派出仅次于美军的舰队阵容参加这一有23个国家海军参加的多国海上联合演习，这是两军交往史上的重大突破。11月，中美两国国防部签署了《建立重大军事行动相互通报机制》和《公海海域海空军事安全行为准则》。这两个互信机制对中美增进战略互信、管控危机、预防风险具有重要作用，有助于减少两军之间误判和意外事故的发生。

随着两国关系的发展和交流的扩大，改善签证政策以便利双方人员往来势在必行。2014年北京"习奥会"期间，双方同意互为两国留学人员颁发5年多次有效签证，互为两国商务、旅游人员颁发10年多次有效签证。这项成果受到两国各界的热烈欢迎，对加强中美人文交流意义重大。在短短3个月时间里，中国为美公民颁发签证量同比提升了54%。2014年两国人员往来超过430万人次。

在多边领域，中美就世贸组织《信息技术协定》扩围谈判达成双边共识，这有利于在日内瓦尽快恢复和结束诸边磋商；两国在伊朗核问题上进行了密集沟通与协调，推动谈判取得重要进展；在朝鲜半岛问题上，中美保持密切沟通，维护了半岛和东北亚地区的和平稳定；在叙利亚、阿富汗、南苏丹、抗击埃博拉疫情等方面，中美也开展了积极协调与合作。

尤其值得一提的是，过去在气候变化问题上中美有分歧。经过双方的努力，两国在习奥会期间发表了《中美气候变化联合声明》，明确了双方减排的指标：美国2020年后将把二氧化碳平均减排速度提高一倍，到2025年争取令二氧化碳整体排放量较2005年减少26%~28%；中国同意将非化石能源占一次能源消费比重提高到20%，2030年左右二氧化碳的排放达到峰值。

中美作为世界上最大的两个碳排放国，其政策立场攸关国际气候变化谈判的成败。2015年，中美合作促成了巴黎气候变化大会的成功，缔结了历史上首个关于气候变化的全球性协定。两国同意加强两国在气候变化领域的务实合作，包括清洁煤技术、页岩气、核能、可再生能源、碳捕集利用和封存、氢氟碳化物、低碳城市、绿色产品贸易等方面的合作。

中美联手在气候变化问题上采取的这些重大举措意义重大，它使得应对气候变化的全球政治格局发生了根本性转变，对于其他国家进一步宣布减排计划有示范效应。这也显示出中美合作对推进全球治理的巨大价值。

牢记历史，才能看清未来

目前，美官方、民间普遍非常关注中美关系的走势，看法大体上有两种。

一种看法认为2014年以来中美之间摩擦急剧增多，双方围绕南海问题、钓鱼岛问题、网络安全问题互相指责。此外，美国官方在香港问题和中国反垄断调查问题上，也对中国多有指责。中美关系正经历一段坎坷不平、前途多舛的阶段。有人甚至认为中美关系跌入了1979年建交以来的"低点"。

另一种看法认为尽管当前中美关系摩擦增多、难点迭起，但是中美都赞成建立新型大国关系。两国领导人利用各种场合举行会晤、通电话、交换信函，两国政府之间交流渠道畅通，60多个对话机制运转正常。

在我看来，上述两种看法均较片面。展望未来，我认为中美关系的合作面和斗争面都会继续发展，有时合作多一些，有时斗争多一些，但总体来看还会是合作多于斗争。

回顾中美关系的过去，我们不难看到，双方处理中美关系更多是出于双边层面的考量，关注的主要是各自的利益。展望未来，中美关系的最大变化在于双方构建中美新型大国关系的共识使中美关系越来越靠近世界舞台的中心，双方处理中美关系不仅要考虑双边的需要，还要考虑地区和世界的需要和反应。

中美作为世界上最大的发展中国家和最大的发达国家，建设新型大国关系是一项具有重要和深远意义的开创性工作，既没有先例可循，也没有经验可鉴，只能摸着石头过河，逢山开路，遇水架桥。我深信只要双方秉持两国最高领导人达成的关于不冲突不对抗、相互尊重、合作共赢的重要共识，只要美方的决策者们能负责任地把中美两国人民的福祉放在首位，中美两国在未来 10 年一定可以把中美新型大国关系推进到前所未有的广度和深度，对人类社会的发展、和平做出自己的贡献。